CRÉER ET DÉVELOPPER SA START-UP,

C'est presque facile !

Edition : JDH Editions
77600 Bussy-Saint-Georges. France
Imprimé par BoD – Books on Demand, Norderstedt, Allemagne

ISBN : 979-10-91879-39-2

Dépôt légal : Septembre 2018

CRÉER ET DÉVELOPPER SA START-UP,

C'est presque facile !

JULIE CHARRIER

JDH Editions
Collection « C'est presque facile ! »

Chez JDH Editions

☞ <u>Collection C'est presque facile !</u> :

- **Réussir en bourse, c'est presque facile !**
  de *Jean-David Haddad. 2017*
- **Le Trading, c'est presque facile !**
  de *Stéphane Ceaux-Dutheil. 2017*
- Gagner une médaille ou un contrat, c'est presque facile ! *de Gilles Séro. 2017*
- *Oser monter sa SCI, c'est presque facile !*
  de Christelle Poussier. 2018

Suivre les actualités concernant le présent livre sur notre page Facebook : JDH Editions

-

Retrouver tous nos livres et nos auteurs sur le site

www.jdheditions.fr

Retrouvez Julie Charrier

Ça Pétille Pour Vous

L'ATELIER DE COMMUNICATION
POUR ENTREPRENEURS DÉBORDÉS

www.capetillepourvous.com

Astuce utile

Tout le long de cet ouvrage vous pourrez trouver ce signe, qui vous indique une astuce ou un conseil utile.

Les caractères gras indiquent quant à eux des notions importantes ou de base.

Les deux peuvent être associés.

Avant-propos

Un matin je me suis levé avec l'idée de vouloir publier un livre sur les start-up. Il existe de nombreux livres sur les créations d'entreprises, pour vous aider à savoir si vous devez faire une SAS, SARL, etc... mais très peu sur les start-up. Et le peu de livres existant se vendent très cher et sont bien trop longs à mon goût.
Mon idée était donc de publier un livre de moins de 200 pages, vendu bien en-dessous de 20€, qui pourrait intéresser un vaste public de jeunes, et de moins jeunes, tous animés par la volonté, proche ou lointaine, de créer une start-up.

Monter une start-up est en effet différent de la création d'entreprise habituelle. Je vais illustrer par un exemple.
Si vous voulez créer votre salon de coiffure, ce livre ne vous intéressera pas, vous avez à votre disposition de nombreux livres sur la création d'entreprise. Mais si vous voulez lancer un concept nouveau de salon de coiffure, robotisé par exemple, avec des robots qui aident le coiffeur, et tout cela avec l'idée d'avoir 50 franchises au bout d'un an, là vous êtes un potentiel "startuper" et ce livre vous intéressera au premier chef.
En tant qu'économiste spécialisé dans l'information boursière (via le site Francebourse.com

que j'ai cofondé), je suis confronté régulièrement à des start-up. Il faut savoir que la bourse est d'ailleurs un des leviers de financement possibles d'une start-up. Autant une entreprise "classique" a besoin de plusieurs années d'existence, de réaliser plusieurs millions d'euros de chiffre d'affaires pour s'introduire en bourse, autant une start-up peut s'introduire en bourse dès sa naissance quasiment, si son projet est assez mature et son créateur assez charismatique pour emporter l'adhésion de multiples investisseurs. Toute start-up ambitieuse qui a besoin de lever plusieurs millions doit se poser la question d'une IPO (introduction en bourse). Encore faut-il que le projet soit énorme pour intéresser la bourse. De bourse il ne sera pas question dans cet ouvrage mais après l'avoir lu je tenais à en parler dans cet avant-propos.

Je pense que j'en parlerai dans un livre que je rédigerai sur le financement par la bourse.

En attendant, donc, je voulais éditer un livre sur la création de start-up, mais je n'étais évidemment pas capable de l'écrire, n'étant pas moi-même "startuper" mais plutôt entrepreneur classique. Je voulais que ce livre soit écrit par un "startuper" ou par quelqu'un qui travaille chaque jour avec des "startupers".
Les chefs d'entreprise qui furent des "startupers" et qui font partie de mon carnet de

relations se sont dits trop débordés pour rédiger un livre.
J'ai donc procédé à un appel d'offres sur un groupe Facebook dédié aux start-up.

Et j'ai immédiatement eu la réponse d'une jeune femme, qui m'a expliqué avoir travaillé pour des start-up à la sortie de ses études, et était actuellement en train de créer la sienne. Avec de grandes ambitions. Cette jeune femme, c'est Julie Charrier, que j'ai rencontré de suite. Et, autour d'un bon diner à Paris, en plein mois de décembre 2017, nous avons échangé des tas de points de vue sur l'univers des start-up. Nous avons eu tout de suite la volonté de travailler ensemble et je dois dire que j'ai été très séduit, voire bluffé par son enthousiasme et sa connaissance approfondie des trucs et astuces pour ces entrepreneurs extrêmes dont elle fait partie. Voilà un livre idéal pour la collection "C'est presque facile" me suis-je dit!

Julie m'a par ailleurs indiqué que le fait d'écrire le livre serait pour elle une sorte de super-mémoire de son aventure entrepreneuriale. En effet, tout au long de son processus d'écriture, elle a enrichi son ouvrage de ce qu'elle vivait et découvrait sur le terrain. Et vice-versa, son aventure entrepreneuriale s'enrichissait de ce que la rédaction d'un livre lui apportait.

Ainsi avez-vous entre les mains un livre on ne peut plus actualisé des dernières astuces possibles et imaginables. Julie s'est lancée sous l'ère Macron, qui se veut l'ère des startupers, ce livre n'a pas été écrit à une autre époque que celle qui redonne aujourd'hui en France une place à ceux qui portent des projets. Attention ! Julie a 27 ans, elle évolue dans l'univers des start-up… le livre est donc truffé d'anglicismes ! Mais tous sont explicités.

Je vous en souhaite bonne lecture.

Jean-David Haddad
Fondateur de JDH Editions
Directeur de la collection "C'est presque facile!"

« J'ai une idée sur laquelle j'ai déjà travaillé, tout est prêt et ça n'existe pas. Il faudrait que je me lance mais financièrement ça risque d'être compliqué puis aujourd'hui, je gagne bien ma vie ».

Paul, Project & Social Média Manager

Introduction

Entreprendre c'est être libre, décider de sa carrière, choisir, c'est chaque jour se lever avec l'envie de déplacer des montagnes, c'est être optimiste, toujours penser que l'on peut faire mieux, c'est de l'adrénaline avec un quotidien qui n'est jamais le même, c'est un peu fou tout de même mais c'est vivre pleinement et aller au bout de ses envies, de ses projets, de ses rêves et de ses ambitions. Alors lorsque vous avez votre idée en tête, ne la lâchez plus !

Passer de l'idée à la création de son projet est une étape que chaque entrepreneur a vécue.

On se pose des tonnes de questions, *est-ce que mon projet va vraiment intéresser quelqu'un ? Est-ce que je vais être capable de tout gérer seul ? Financièrement, comment je vais faire ? Et puis, si cela n'existe pas c'est que ce n'est pas viable.* On se réveille la nuit durant des heures pour réfléchir et se poser de nouvelles questions, n'est-ce pas ?

Si cet ouvrage se trouve entre vos mains ce n'est pas par hasard. Vous êtes porteur de projet, vous venez de vous lancer, ou vous cherchez à développer votre entreprise sans y laisser trop de budget car c'est le début et qu'on est tous un peu fauché quand on saute dans le grand bain de l'entreprenariat. C'est un peu comme retourner à sa période d'étudiant sauf que l'école est déjà bien derrière nous…

L'idée de ce livre est de vous donner l'envie de vous lancer, de vous montrer que c'est possible et bien plus simple que ce que vous imaginiez, que non nous n'avons pas besoin de prendre 15 années d'expérience avant d'entreprendre, que si l'on ne prend jamais de risque on ne fait rien ! Il va vous suivre en vous apportant des retours d'expériences, des astuces pour gagner du temps et des méthodes pour optimiser votre projet. Il se décompose en 4 parties, de la création en passant par l'accompagnement jusqu'au développement et la présentation des points importants qui permettent de maintenir le cap.

Petite note à chacun, lorsque vous vous lancez, sachez toujours que certains de vos proches ne vous apporteront aucun soutien. Ce n'est pas qu'ils ne vous aiment pas, loin de là, mais bien accrochés à leur petit confort, ils auront peur pour vous et dresseront un tableau noir de votre projet entrepreneurial. Ne vous découragez pas, au contraire et servez-vous de ces remarques, critiques ou questions pour avancer et vous dépasser encore plus. Aussi, parlez de votre projet autour de vous pour recueillir des avis, des points de vue, obtenir des questions qui vous feront cogiter pour que votre projet soit le plus réussi possible.

« Si on n'essaie pas, on ne sait. Et puis en cas d'échec on aura la victoire d'avoir tout essayé, de s'être battu et on en sortira meilleur quoi qu'il arrive ».

Manon, porteuse de projet

1

SE FAIRE ACCOMPAGNER AVANT DE SE LANCER

Quel que soit votre parcours scolaire, votre parcours professionnel, vos compétences, votre savoir-faire ou même votre savoir être, faites-vous toujours accompagner !

L'accompagnement est le socle de votre projet, il vous permet de prendre du recul, de vous poser les bonnes questions auxquelles vous n'aviez pas forcément pensées (on a notre idée en tête et parfois on peut en oublier l'essentiel), il vous permet de faire évoluer la stratégie initiale, d'obtenir des conseils adaptés à votre idée ou votre business model et tout simplement, de gagner du temps. L'accompagnement est encore plus important lorsque l'on entreprend seul. En effet, à plusieurs il est plus simple d'échanger et de faire évoluer le projet... bien qu'il vous faudra toujours solliciter l'expérience d'une personne habituée à l'accompagnement pour son regard extérieur et ses précieux conseils.

Dans cette partie, nous rappellerons l'importance du business plan pour réussir en vous expliquant quelques méthodes de rédaction et de réflexion. Les différentes structures d'accompagnement et leurs rôles vous seront présentées afin que vous puissiez les contacter directement (à titre indicatif si vous n'êtes pas encore prêt à 200% - mais sachez qu'à la fin de cet ouvrage, vous serez plus déterminé que jamais) et plein d'astuces vous seront communiquées pour mettre toutes les chances de votre côté. Nous vous parlerons des couveuses qui vous permettront de tester votre projet mais aussi des différents financements qui s'offrent à vous. Enfin, nous préciserons la création et ses formalités pour vous simplifier la vie dans vos démarches.

« Grâce à l'accompagnement que j'ai reçu, j'ai gagné 1 an pour le développement de mon entreprise. Mon conseiller m'a fait prendre conscience d'un point très important que ni moi, ni mes amis, ni mon étude de marché ne faisait ressortir ».

Quentin, entrepreneur

Le Business Plan

Le Business Plan est votre support de vente, le book de votre projet, votre porte-parole. Il vous permettra de mieux cerner votre projet et de faire évoluer l'idée initiale, définir précisément les besoins de votre marché, organiser votre développement, anticiper davantage les risques, préparer une recherche éventuelle de partenaires, et surtout être fin prêt pour le démarrage de votre activité. Ce business plan vous servira tout au long de votre projet et surtout en premier lieu si vous souhaitez obtenir des financements ou des aides. Il doit être synthétique, complet pour juger la viabilité et la faisabilité du projet, structuré, précis avec des informations facilement vérifiables. En effet, si vous souhaitez avoir recours à divers financements, les personnes susceptibles de vous aider devront parcourir votre business plan, d'où l'importance qu'il soit crédible en apportant des sources à toutes vos informations. Ce dossier doit bien évidemment transmettre cette passion pour votre projet et l'entreprenariat.

Pour la rédaction de votre business plan, il n'existe pas de format et de plan standard néanmoins votre dossier doit mettre en avant ces différents points :

L'Exécutive Summary qui est un résumé (une à deux pages maximum) de votre projet, il sert de teaser (note de l'éditeur : sorte de bande-annonce) et met en évidence les points forts de celui-ci. On retrouve dans l'Executive Summary les informations listées ci-dessous :

- l'identification des besoins (qu'avez-vous remarqué qui vous ait donné envie de créer ce projet, qui vous ait donné envie de répondre à un besoin ?)

- votre solution innovante (présentez votre projet, sa valeur ajoutée, son caractère innovant, son ambition)

- son modèle économique (comment gagnez-vous de l'argent, quels sont vos chiffres clés, les coûts de base pour créer, lancer et développer votre projet ?)

- vos concurrents (quels sont vos concurrents les plus importants ?)

- votre cible (qui seront vos clients, vos utilisateurs ?)

- le marché sur lequel vous souhaitez évoluer (qu'il soit local, national ou international)

- vos objectifs en terme d'usage, d'audience etc. (résumez les chiffres clés)

- votre avantage concurrentiel (mettez en évidence ce qui rend votre offre unique dans la perspective client / utilisateur, vous pouvez écrire une recommandation de votre offre du point de vue du client)

- votre petit plus / la magie de votre projet (décrivez ce qui donne à votre projet quelque chose de spécial)

- votre profil (présentez le ou les porteurs du projet en mettant en avant les compétences et expériences professionnelles du ou des créateurs)

<u>La présentation du créateur / de l'équipe de créateurs</u> détaillée qui met en évidence l'expérience professionnelle à travers un CV et

une mise en valeur des points forts et valorisants du/des porteurs de projet en cohérence avec celui-ci.

<u>La partie produit / service</u> : Il s'agit ici de décrire précisément l'offre, sa valeur ajoutée, son innovation. C'est une partie fondamentale du dossier puisqu'elle exprime de manière détaillée les caractéristiques de l'offre proposée. On retrouve dans cette partie les informations listées ci-dessous :

- la nature de l'offre (présentation claire et simple de l'offre en elle-même, de ses caractéristiques / fonctionnalités, des performances visées ou existantes, description de qui produit et vend dans la chaîne de valeur, description du cycle d'exploitation, de mise en marché)

- le stade de développement de l'offre (où en est votre projet - concept, prototype, bêta test, mise sur le marché…)

- la technologie / brevets / marques (sur quelles technologies le projet repose, s'agit-il de technologies exploitées ou développées spécifiquement, qui détient les brevets / licences, y a-t-il eu ou y aura-t-il des dépôts de brevets ?)

- le prix

- une synthèse (quels sont les apports de l'offre, pourquoi, quels sont ses points forts et ses points de faiblesse ?)

- Le Proof Of Concept (POC) : Cette partie permet d'illustrer l'innovation proposée, rendre votre projet concret et prouver qu'il peut trouver son marché. Il prend la forme d'un prototype si votre projet est un site, une application ou une plateforme. Il prend la forme d'une étude de cas s'il s'agit de prestation de services (voir schéma suivant pour modéliser votre POC dans votre business plan).

<u>**La partie marché**</u> **: C'est une présentation du marché sur lequel vous souhaitez développer votre projet, ses concurrents, ses cibles, le positionnement de votre future entreprise…** C'est une partie délicate surtout si vous souhaitez développer votre projet sur des marchés émergents. Si vous réalisez des études, il est nécessaire de décrire vos méthodes. Vos données collectées doivent être fiables, indiscutables et les plus récentes possibles. Pour la réussite de votre projet, vous devez absolument maîtriser toutes les composantes de son environnement : tendances actuelles et futures, marchés primaires et connexes, concurrents, modèles économiques & prix, règlementations actuelles et futures… On retrouve dans cette partie les informations listées ci-dessous :

- l'analyse du marché (dimension, volume, acteurs, règlementation, poids dans l'économie, perspectives, barrières à l'entrée, risques / contraintes…)

- les règles économiques (modèle économique, manières de travailler dans les relations fournisseurs, politique prix…)

- l'analyse des clients (positionnement sur le marché, zones de chalandises, prospects visés, poids dans la cible globale, caractéristiques, besoins, profils…)

- l'analyse de la concurrence (poids sur le marché, degré de concentration, forces et faiblesses, localisation, stratégie future, profil, concurrents indirects, risque de réaction contre le projet, alliances possibles…)

Pour conclure votre analyse de marché, il est important de démontrer l'adéquation entre l'offre / produit proposé et le marché visé. Vous pouvez par exemple mettre en correspondance les items suivants :

- le lieu d'implantation visé et / ou la couverture géographique envisagée (ses caractéristiques, les manières de travailler…)

- les singularités du marché en terme de tendances et autres éléments de contexte afin de vérifier si l'offre / le produit proposé est en phase avec votre marché)

- les caractéristiques de l'offre (forces et faiblesses de votre projet et des entreprises concurrentes)

- les caractéristiques de la demande (la segmentation des clients, les caractéristiques de leur pouvoir d'achat etc.)

- les opportunités de développement et autres avantages concurrentiels.

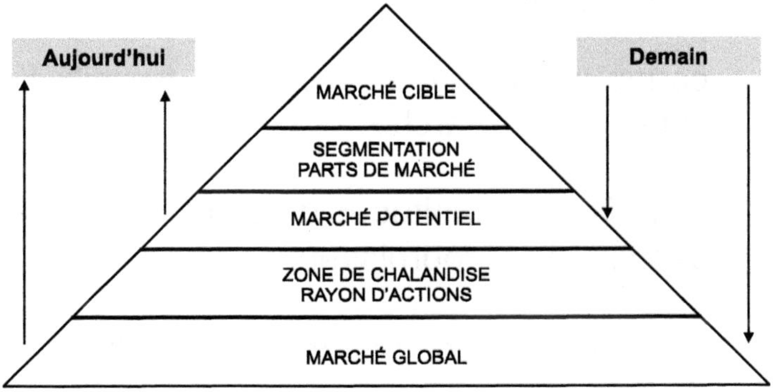

<u>La partie économique</u> : C'est une partie très importante puisqu'elle met en avant vos sources de revenus, vos perspectives de chiffre d'affaires, votre modèle économique, vos principales hypothèses de calcul. Elle ne doit pas être négligée car elle sera déterminante pour le lancement de votre projet et surtout, elle sera la partie la plus intéressante pour de potentiels investisseurs. Il est nécessaire d'expliquer la construction des revenus de votre future société, bien évidemment les hypothèses de construction ne doivent pas être irréalistes. Voici ci-dessous une liste de points clés à mettre en avant :

- bien analyser les modèles économiques du marché visé

- connaître les manières de travailler du secteur / du marché

- identifier les habitudes d'achats / règlements des clients et fournisseurs

- identifier les composantes de votre chiffre d'affaires

- élaborer un / des modèles de calcul selon la / les clientèles visées
- prendre des hypothèses réelles et factuelles

- rencontrer des clients potentiels des professionnels pour tester l'accueil
- bâtir plusieurs scénarios (dégradé, intermédiaire, optimiste).

<u>Le positionnement marketing</u> de l'offre qui présente vos ambitions sociales et économiques, votre plan de communication, vos stratégies de lancement et de développement... Cette partie décrit votre vision pour votre projet et pour le développement de celui-ci. Voici les points clés à présenter :

- la naissance du projet et sa raison d'être
- l'ambition sociale et économique de l'entreprise, du projet
- les valeurs de l'entreprise
- la stratégie de développement / de croissance
- les stratégies opérationnelles que vous allez mettre en place :
    1. politique R&D (budget consacré, protection intellectuelle...)
    2. politique de production (dépendance, conditions, critères...)
    3. - politique de distribution (système retenu, réseau de vente...)
    4. politique commerciale (critères, objectifs, modalités...)
    5. politique marketing et communication

(budget, types et natures des actions, cycle d'acquisition du client...)
6. politique financière (emprunt, augmentation de capital…).

<u>La phase d'embarquement et de décollage</u> : Il s'agit ici de décrire comment recruter ses premiers clients, ses premiers utilisateurs, comment l'usage et la fidélisation seront déclenchés.

<u>La partie organisation</u> mettant en évidence votre organisation, le management, votre mode de fonctionnement, les outils que vous souhaitez utiliser pour mener à bien les stratégies décrites. Voici les points clés à présenter :

- l'équipe de direction (expériences, qualités, organisation de la DG
- le management (politique managériale, pilotage et reporting …)
- l'organigramme (rôle et fonction des acteurs, missions, indicateurs …)
- les locaux, les outils et systèmes nécessaires à votre activité
- les principaux modes de fonctionnement (gestion des essais / test en R&D, gestion

des ventes et processus sur le plan commercial, gestion des achats / fournisseurs en production, gestion des livraisons en distribution, gestion des commandes / réclamations en relations clients, gestion des factures et processus sur le plan financier…

<u>Les besoins</u> : **Cette partie détermine vos besoins en ressources humaines en fonction du développement souhaité mais aussi vos besoins matériels et financiers.** Voici les points clés à présenter :

- les besoins en ressources humaines (combien de postes / fonctions, pour quelles compétences, quand, quel salaire ?) en présentant une vision globale au travers d'un tableau annuel des effectifs par date et par fonction
- les besoins matériels (pour quoi, pour qui, quel matériel, locaux, systèmes informatiques, télécommunication …)
- les besoins financiers en présentant une vision globale au travers d'un calendrier de la couverture des besoins

La partie juridique précise la forme juridique (statut, capital, représentants légaux, actionnaires), le statut doit être adapté à l'importance de votre projet. Le montage juridico-financier apparait également dans cette partie, il s'agit de la constitution du capital, de sa répartition, des évolutions prévisibles à moyen / long terme etc. Si vous souhaitez faire entrer des investisseurs dans votre capital, indiquez les modalités d'entrée et de sortie du capital et la durée de présence souhaitée. La protection intellectuelle et industrielle doit figurer ici (dépôts, réservation de noms de domaines, ...). Enfin, les aspects juridiques liés à l'activité doivent être notés (convention collective, contraintes, exigences règlementaires actuelles et futures...).

L'étude financière : Toutes les informations notées dans les parties précédentes se traduiront ici à travers le prévisionnel financier et un prévisionnel de trésorerie. On doit y retrouver le compte de résultat, votre capacité d'auto-financement, votre seuil de rentabilité, votre besoin en fond de roulement, votre plan de financement, votre plan de trésorerie, un tableau des amortissements s'ils sont prévus, un simulateur de prêt bancaire si vous souhaitez y avoir recours. Toutes les estimations chiffrées notées dans cette partie (sous forme de tableau) viendront justifier vos présentations précédentes et ainsi, valider la viabilité et la faisabilité du projet.

Le planning de mise en œuvre qui présente le développement et les actions à mener. Il précise les perspectives du projet et la vision du ou des porteurs du projet.

Enfin, ne négligez pas le document accompagnant votre dossier, les annexes. Elles renforcent le business plan en apportant ces éléments :

- glossaire si le vocabulaire est technique
- documentation commerciale, plaquettes
- listes explicatives des brevets, marques
- étude de marché, articles de presse, rapports…
- contrats et accords avec d'éventuels partenaires
- statuts rédigés
- états financiers détaillés
- détail du plan de recrutement
- tous les documents que vous jugez utiles pour justifier votre projet

Modélisation du POC « site, application plateforme »

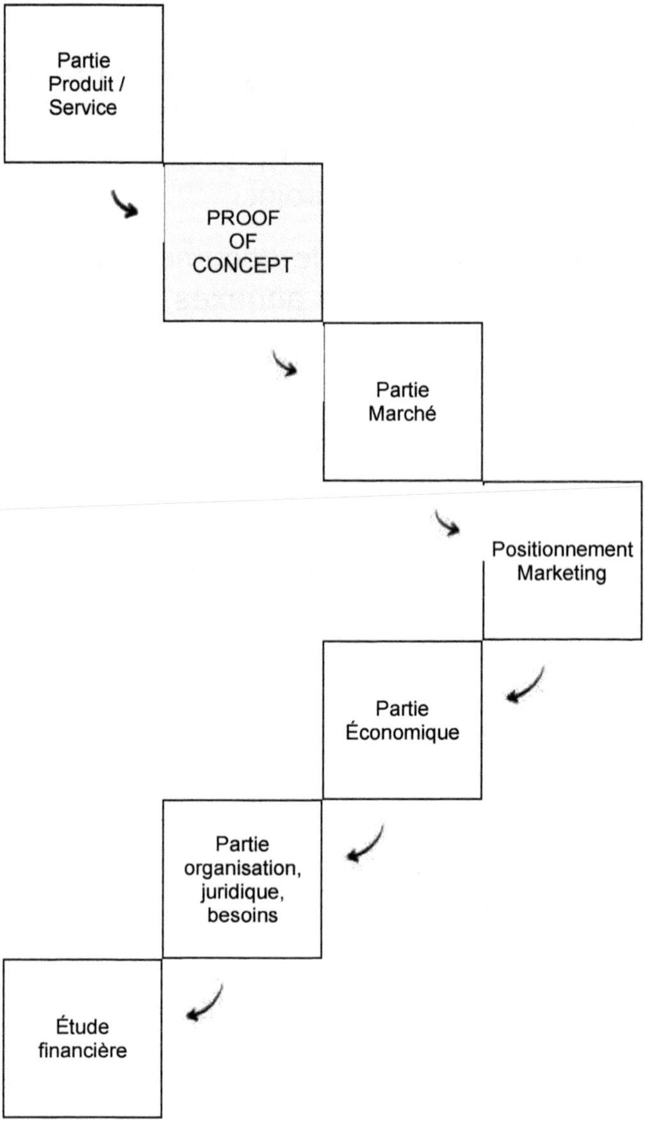

Modélisation du POC « prestation de services »

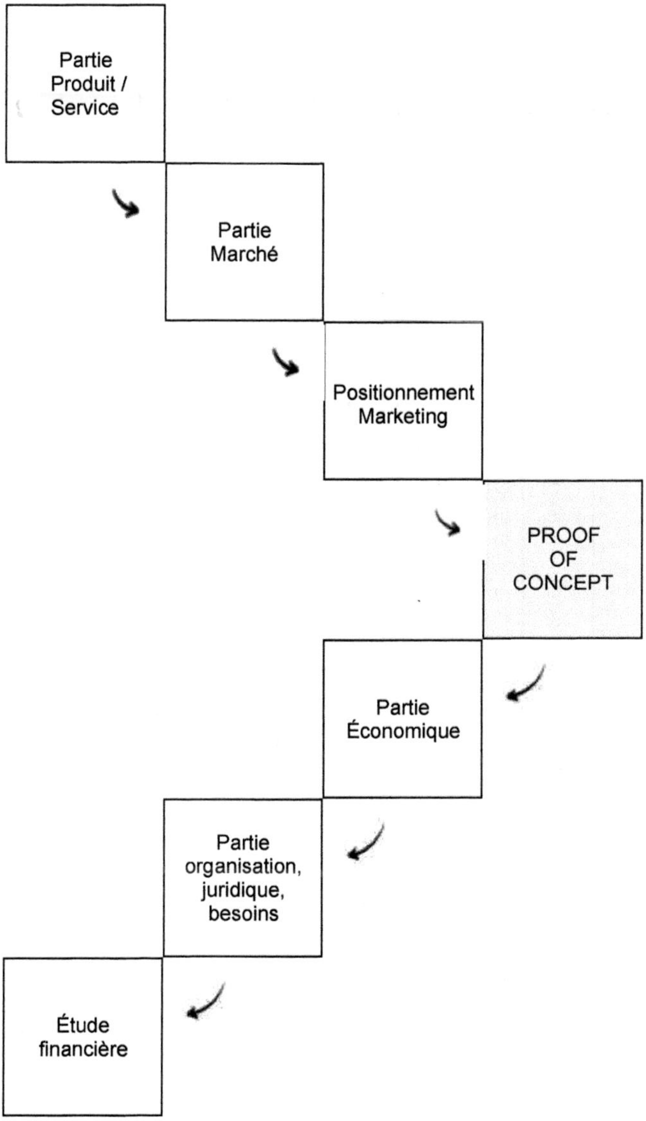

Synthèse des éléments à indiquer dans votre business plan

QUOI ET QUI	Le projet	Le concept, le produit, les technologies, les besoins du marché
	L'équipe / le porteur du projet	Le / les fondateurs : expériences, compétences, savoir-faire
	L'ambition	Valeurs, vision, ambitions
À QUI	Le marché	Les caractéristiques du marché, poids, volume, tendances ...
	Les clients	La segmentation clients, les besoins...
	Les concurrents	Les concurrents directs et indirects, les forces et faiblesses ...
COMBIEN	Les composantes	Les sources de revenus
	Les modèles	Les modèles de calcul du CA par catégorie de client
	Les perspectives	Les données financières
COMMENT	La stratégie	La déclinaison opérationnelle de la vision et de l'ambition
	L'organisation	Statut, organigramme, évolution, rôles et responsabilité, modes de fonctionnement ...
	Les besoins	Besoins RH, besoins matériaux, besoins financiers
AVEC QUOI ET QUI	Financement	Plan de financement
	Partenaires	Partenaires actionnaires, partenaires distributeurs, autres
	Investisseurs	Propositions d'entrée / sortie du capital
QUAND	Démarrage	Planning de démarrage et des tâches à accomplir

Vous l'aurez compris, votre business plan est la base de votre projet. Pour le réaliser, vous allez être accompagné afin d'optimiser au maximum ce projet et de gagner du temps. En effet, seul, c'est long et fastidieux, même avec notre farandole de compétences, il peut nous en manquer quelques-unes ou tout simplement il s'agit de se rassurer en étant accompagné par des professionnels. Les détails se trouvent dans la partie suivante, on continue ?

« Mon business plan m'a demandé du temps mais j'ai pu faire évoluer mon projet de manière considérable et j'ai pu organiser grâce à mon dossier, une levée de fonds avant de démarrer ».

Emeline, fondatrice de sa marque de bijoux

Les structures qui vous accompagnent

Il existe un grand nombre de structures spécialisées pour vous accompagner dans votre démarche de création d'entreprise. Ces structures vont vous accompagner et vous épauler dans vos recherches ainsi que dans vos démarches à effectuer.

Pôle emploi

En tout premier lieu, nous vous invitons à vous rapprocher de pôle emploi qui vous orientera, selon l'étape de votre projet, vers des ateliers, prestations, dispositifs afin de vous conseiller de la meilleure manière pour construire un projet viable sur le long terme. Les conseils et accompagnements de pôle emploi sont gratuits.

- les conseillers pourront dans un premier

temps répondre à vos questions et vous guider vers les organismes concernés par votre projet de création d'entreprise.

- Il existe des ateliers qui sont proposés en fonction de l'avancement de votre projet. Que vous soyez au simple stade d'idée, à la réflexion de la stratégie ou à la finalisation de votre création d'entreprise, les ateliers vont feront évoluer dans la bonne direction. L'atelier « créer son entreprise, pourquoi pas moi ? » est dédié à une première approche de la création d'entreprise avec des exemples et des conseils pour préciser et clarifier les objectifs et les éventuels obstacles que vous pourriez rencontrer. Le second atelier intitulé « organiser son projet de création » est davantage porté sur la méthode. Il vous permet de définir, préparer, coordonner les moyens humains, techniques, financiers et commerciaux en vous aidant à la réalisation de votre business plan quel que soit l'avancement de celui-ci.

- **le parcours Activ'Créa** est une prestation de conseil personnalisée, réalisée en rendez-vous individuels avec des consultants extérieurs. Vous recevez via cette prestation, une expertise et des conseils de prestataires qualifiés pour valider votre projet étape par étape. **Votre conseiller peut vous apporter un soutien sur votre étude de marché,**

votre stratégie, votre plan de développement ou encore vous épauler sur les formalités lors de la création.

- le financement de formations liées à la création de votre entreprise

- les aides financières de Pôle Emploi :

    1. le maintien de l'ARE (vos allocations de retour à l'emploi vous sont versées tant que votre projet ne vous permet pas de facturer de manière régulière)

    2. l'ARCE (vous recevez vos allocations chômage sous forme de capital. Le montant est égal à 45 % du montant des droits à l'ARE restant à vous verser lors du lancement de votre activité)

    3. l'ACCRE (c'est une exonération de charges sociales pendant un an et un accompagnement, sous conditions de revenus)

Le réseau institutionnel

- les Chambres de Commerce et d'Industries - CCI - sont présentes dans toute la France. Cet accompagnement est géré par la CCI Entreprendre qui propose une première demi-journée d'information sur le processus de création d'entreprise, puis un stage de formation intitulé "cinq jours pour entreprendre". Vous pouvez aussi solliciter individuellement un conseiller en création d'entreprise pour vous accompagner sur votre projet, et consulter, gratuitement, des experts, des avocats, des experts-comptables.

- l'Agence France Entrepreneur - AFE - vous informe dans toutes les étapes de votre projet. Leur site internet www.afecreation.fr propose près de 10 000 pages de conseils. Vous pouvez donc accéder aux informations relatives aux différentes étapes de la création d'entreprise, aux aspects réglementaires mais également à une large palette d'outils tels que des statuts types ou des business plans. L'AFE propose également des formations auprès des jeunes entrepreneurs.

- les Chambres des Métiers de l'Artisanat -

CMA - proposent des conseils et un accompagnement pour les sociétés qui souhaitent évoluer dans l'artisanat.

- les conseils généraux ou régionaux pourront vous fournir de nombreuses informations. Ils ont en gestion le dispositif NACRE « Nouvel Accompagnement pour la Création et la Reprise d'Entreprise ». C'est un programme public d'aide à la création d'entreprise. Il comprend trois volets :

    ✓ Aide au montage : cela consiste en la création d'un dossier assez solide pour être présenté à d'éventuels investisseurs. Il s'agit d'une "assistance technique" comprenant une aide au montage et au développement du projet de création ou de reprise d'entreprise (élaboration d'un business plan par exemple).

    ✓ Aide au financement : c'est le volet financier de l'aide, constitué d'une aide financière (prêt à taux zéro et sans garantie) devant obligatoirement être couplée à un prêt bancaire au moins du même montant. Le prêt NACRE à taux zéro est compris entre 1000 € et 8000 € sur 5 ans maximum.

- ✓ Accompagnement : consiste à soutenir et encourager l'entreprise créée pendant ses trois premières années d'existence, notamment grâce à l'accès à un support technique pouvant répondre à vos questions.

- la Direction Régionale des entreprises, de la concurrence, de la consommation, du travail et de l'emploi - DIRECCTE - vous conseillera et vous informera sur les aides financières, fiscales, sociales et les primes régionales.

Le réseau associatif

Nous avons la chance en France de disposer d'un réseau associatif très riche nous permettant de recevoir des conseils sur les différents aspects de la création.

- La BGE, réseau national, aide à la création depuis l'émergence de l'idée jusqu'au développement de l'entreprise. C'est une véritable école de l'entrepreneuriat, ils transfèrent les savoir-faire et savoir-être entrepreneuriaux aux porteurs de projets ne disposant pas de connaissance en matière d'entrepreneuriat. De l'accueil, aux conseils techniques en passant par la formation et le suivi post création, la BGE constitue le meilleur accompagnement que vous puissiez obtenir.

- Les réseaux de cadres retraités tels que l'Entente des Générations pour l'Emploi et l'Entreprise (EGEE). Ces personnes mettent leurs compétences, leur réseau et leur expérience au service de votre projet. Les conseils sont gratuits.

- Le Club des Jeunes Dirigeants (CJD) regroupe des entrepreneurs en réflexion commune sur l'entreprise, il apporte aide et conseils aux créateurs.

- Les plateformes d'initiatives locales sont des lieux d'accueil où vous pourrez recevoir conseils, aides financières, parrainage et un suivi personnalisé.

- Les réseaux étudiants réalisent bénévolement des études de marché pour les porteurs de projet n'ayant pas les moyens de les financer. Il existe par exemple l'ACCÈDE (http://accedefr.e-monsite.com). Les Juniors Entreprises dans les grandes écoles ou les écoles de commerce peuvent également vous aider sur votre business plan.

- Le Mouvement pour les Jeunes et les Étudiants Entrepreneurs - MOOVJEE - L'association vous accompagne dans la construction et le développement de votre entreprise, elle fait la promotion de l'entrepreneuriat jeune et anime une communauté de soutien et d'entraide avec des services dédiés. Ses 3 axes d'action :

- Les associations féminines qui aident et accompagnent les porteuses de projets :

  - ✓ Action'elles : Action'elles propose à ses membres des parcours d'accompagnement structurés dédiés aux porteuses de projets, auto-entrepreneures et chefs d'entreprises, la mise à disposition gratuite de compétences bénévoles sous forme d'entretiens experts, du mentorat pour les créatrices de moins de 3 ans d'activité, des ateliers et formations à la carte afin d'apprendre le "métier de chef d'entreprise" à travers des thématiques en gestion, communication, développement commercial, etc., des rencontres réseaux pour s'entraider, se faire connaître et créer des opportunités d'affaires.

- ✓ Les Premières proposent des programmes d'accompagnement à tous les stades de votre projet, de l'idée au lancement. Des programmes qui allient accompagnement personnalisé, ateliers collectifs sur les thématiques business et développement personnel et mise en réseau avec des experts, mentors et financeurs.

- ✓ Force Femmes propose une sensibilisation à l'entrepreneuriat féminin, du conseil au montage de projet, du coaching et des ateliers animés par des professionnels de la création d'entreprise ou des experts-métier.

- ✓ La CPME - Les clubs départementaux forment des relais qui s'appuient sur les réseaux locaux de la CPME pour favoriser l'entrepreneuriat au féminin ; ils sont mixtes et composés de femmes chefs d'entreprises, de décideurs du département, de porteuses d'un projet de création ou de reprise, d'acteurs de l'emploi et de la formation…

- ✓ Les CIDFF disposant d'un service création d'entreprise proposent un accompagnement qui englobe l'accueil, l'information, l'orientation, le conseil au montage de projet. Certains CIDFF proposent un suivi post-création et animent des clubs de créatrices.

- ✓ Racines CLEFE mettent en place des outils financiers, ils sont des clubs locaux d'épargne pour les femmes qui entreprennent. Le principe est de regrouper 5 à 15 personnes pour constituer un fond d'épargne solidaire aux moyens de versements périodiques au montant fixé par les membres CLEFE, allant de 15 à 150 euros par mois. Les membres s'engagent dans une démarche d'épargne solidaire dans le but de soutenir le développement.

- Les associations des anciens étudiants de votre école. Il y a un toujours un collectif d'une ancienne promotion ou même de tous les diplômés. Vous pouvez les contacter dans le but d'obtenir des conseils si certains ont lancé leur projet, des contacts pouvant vous aider à monter votre dossier, des contacts d'éventuels investisseurs ou tout simplement des réponses à votre étude de marché si le public est votre cible.

Les pépinières et incubateurs

Les pépinières et incubateurs mettent à votre disposition leurs locaux en vous permettant de jouir d'un bureau, de matériels à un loyer modéré et ce sur une durée parfois très longue. Les contrats peuvent aller de 1 mois jusqu'à 5 ans. Cependant, certaines configurations ne permettent pas de rester très longtemps.

À Station F (Paris), plus grand incubateur de start-up au monde, les start-up ne s'éternisent pas car les locaux ne le permettent pas. En effet, les start-up vont plutôt être de passage et cela est très intéressant car le business s'y fait très facilement au sein de l'incubateur.

La pépinière vous permet d'avoir des appuis gratuits lors de votre démarrage comme par exemple une revue complète de son Business Plan. Des conseillers sont présents la journée pour répondre à des questions spécifiques. Aussi, vous pouvez bénéficier de nombreuses aides administratives.

L'avantage également que vous pouvez en retirer, c'est de partager votre quotidien de jeunes

créateurs avec d'autres entrepreneurs, dans des métiers divers.
Cela a un intérêt en terme de partage des connaissances et de solutions à des problèmes rencontrés par tous. Les entrepreneurs voisins peuvent aussi devenir des apporteurs d'affaires ou même des clients.

Les incubateurs d'entreprise s'adressent spécifiquement à des entreprises très jeunes ou même à des porteurs de projets qui sont en cours de maturation.
Vous pouvez bénéficier d'une structure incubatrice, au sein de votre école, dans des structures financées par la Recherche Publique qui peuvent s'avérer être un bon partenariat si vous avez un projet innovant, scientifique par exemple, et d'autres sont en lien avec des pôles de compétitivité.

Il existe aussi des structures d'incubation privées qui vont vous accompagner dans la réussite de votre projet en échange d'une rémunération.

« Les associations féminines m'ont permises de prendre confiance en moi et en mon projet, j'ai finalement lancé mon entreprise qui initialement était une simple idée».

Hélène, Récente entrepreneuse

Les couveuses

La couveuse, c'est l'hébergement juridique de votre activité, et l'apprentissage de votre futur métier d'entrepreneur.

Elle permet à des porteurs de projet de tester leur activité en se confrontant au marché afin de les aider dans leur développement tout en sécurisant leur démarche entrepreneuriale.

En couveuse, on vous accompagne individuellement, vous avez la possibilité de participer à des formations, vous communiquez sur votre projet, vous pouvez engager des partenariats mais surtout, vous rencontrez vos premiers clients et vous facturez pour encaisser les résultats de votre labeur.

C'est une phase test : vous vérifiez ce qui marche en observant votre marché et vous décidez de poursuivre votre projet ou non.

Les couveuses sont ouvertes à tous les porteurs de projets (à l'exclusion des salariés à temps plein), à la recherche d'un accompagnement personnalisé et d'un cadre légal pour tester une activité indépendante. Elles interviennent lorsque le projet est formalisé et qu'il est prêt à être testé. Il s'agit d'un contrat CAPE sur 12 mois maximum renouvelable 2 fois.

Les services proposés par la couveuse sont donc :

- ✓ **Hébergement juridique de l'activité**
- ✓ **Apprentissage du métier de chef d'entreprise**
- ✓ **Suivi administratif de chaque activité**
- ✓ **Mise en réseau des créateurs**
- ✓ **Déclaration aux organismes sociaux.**

Site internet : http://jetestemonentreprise.com

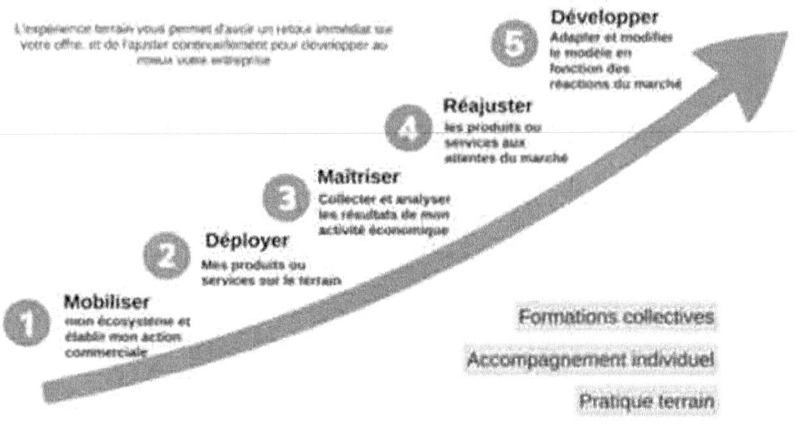
Développer
Adapter et modifier le modèle en fonction des réactions du marché
Réajuster
les produits ou services aux attentes du marché
Maîtriser
Collecter et analyser les résultats de mon activité économique
Déployer
Mes produits ou services sur le terrain
Mobiliser
mon écosystème et établir mon action commerciale
Formations collectives
Accompagnement individuel
Pratique terrain

« Le passage en couveuse BGE a été le coup d'envoi pour sauter le pas. Cela m'a permis de tester mon produit et d'être conforté dans la viabilité de mon projet. »

Rougui Dia, fondateur d'un amour de baba

Les financements

Dans tout projet de création d'entreprise, l'argent est finalement un des éléments les plus importants à prendre en compte. Afin de décrocher des financements, il faudra vous armer de patience, persévérance et il vous faudra rester déterminer. Si tout votre dossier est réalisé tel qu'il est décrit plus haut, que vous parvenez à démontrer une certaine viabilité et une certaine faisabilité, alors vous avez toutes les chances de votre côté pour obtenir des financements.

<u>Les prêts bancaires</u>

Votre volonté et votre enthousiasme vous aideront beaucoup pour persuader les banquiers de la qualité de votre dossier. Ce qui va motiver les banques à vous aider ce sont vos garanties classiques :

- immobilier (terrain, appartement, immeuble)
- voiture
- objets de valeur
- liquidités bloquées sur un compte

Montrez-vous sûr de vous et soyez convaincant, valorisez votre projet en insistant sur ses qualités. Pour prouver aux banques qu'en vous prêtant de l'argent, elles courent un risque minimum, appuyez-vous sur les preuves décrites dans votre business plan.

Les dispositifs BPI FRANCE

La Banque Publique d'Investissement - BPI - est un organisme qui est sous la tutelle de l'État. Elle vous accompagne dans des aides au financement et au développement. Elle propose plutôt des solutions de cautionnement et garanties pour convaincre votre banque de vous suivre dans vos projets.

- Garantie création :

Cette garantie vient en complément d'un prêt bancaire. Celui-ci est garanti à hauteur de 60% pour une création si vous ne contrôlez pas une autre entreprise. Si votre TPE/PME a été créée il y a moins de 3 ans, vous êtes éligible. Ces garanties ne sont éligibles que dans le cadre d'un financement couvrant des investissements matériels et immatériels, un achat de fonds de commerce, le fonds de roulement (la trésorerie vous permettant d'investir et de développer votre entreprise), un découvert notifié comme tel, des cautions pour l'export.

- Garantie bancaire du renforcement de la trésorerie :
Cette garantie vient en complément d'un prêt bancaire quand celui-ci est supérieur à 2 ans. Vous pouvez utiliser ce dispositif si vous pensez être confronté à des difficultés de trésorerie lors de la phase de création. Ce prêt a vocation à renforcer le Fonds de Roulement de votre entreprise.

- Avance de trésorerie par mobilisation des créances commerciales : il s'agit de mobiliser vos créances et la BPI se substitue à vos donneurs d'ordre pour vous régler dans des délais moins longs afin de ne pas vous mettre en difficulté financière.

Les dispositifs BPI France pour les créations d'entreprises innovantes sont présents. Cependant, il faut savoir que ce dispositif n'est pas uniquement valable pour les innovations technologiques. En effet, le dispositif peut être mis en place pour une innovation en terme d'organisation, de management, de process nouveau, etc.

Les autres dispositifs

- i-Lab :
Pour les créateurs d'entreprises technologiquement innovantes, vous pouvez participer à ce concours si vous en êtes le futur dirigeant. Si vous gagnez le concours, vous obtiendrez une subvention d'un montant maximal de 450 000 euros couvrant les dépenses directes de personnel, de fonctionnement et d'exploitation liée au projet.

- La Bourse French Tech :
Tout d'abord, votre projet de création est dans la cible s'il a une forte perspective de croissance et ce grâce à une innovation, peu importe sa forme (technologique, organisationnelle, managériale etc…).
Le projet nécessite ainsi une phase de maturation, d'étude, de validation technique et commerciale via un Business Plan. Vous pouvez, en tant qu'entrepreneur personne physique, bénéficier de ce dispositif si vous êtes accompagné d'un conseiller réalisant de l'accompagnement auprès des créateurs.

Si vous êtes une petite entreprise créée il y a moins d'un an et que votre projet est innovant, vous pouvez également prétendre à la Bourse French Tech. L'aide, si elle vous est accordée, le sera sous la forme d'une subvention, pouvant couvrir 70% des dépenses éligibles (frais liés aux études de conception et de faisabilité du projet) dans la limite de 30 000 euros.

- Les Partenariats Régionaux d'Innovation - PRI :

Ce dispositif est ouvert aux PME innovantes en cours de création mais il ne s'agit pas de leur cible prioritaire. Il est mené en partenariat uniquement avec 5 régions : Grand Est, Hauts de France, Aquitaine/Poitou Charentes, Pays de La Loire, PACA. Les projets les plus innovants seront sélectionnés et se verront octroyés une subvention de 100 000 à 200 000 euros maximum par projets. Cette aide vous permettra de couvrir les dépenses liées aux études préalables et à la mise en place du projet. Elle est versée en 2 tranches (70% et 30%).

Les prêts d'honneur

Les prêts d'honneur ne demandent ni caution personnelle, ni paiement d'intérêts :

- Prêts Création d'Entreprise - PCE - de 2000€

à 7000€ sur 5 ans (prêts accordés par la BPI France)
- les dispositifs du Réseau Entreprendre qui permettent différents types de prêts d'honneur
- les plateformes d'initiatives locales ou le réseau Frances Initiatives peuvent vous accorder certains prêts d'honneur
- les prêts régionaux peuvent être émis en fonction du projet

Les crédits solidaires

Les crédits solidaires sont accordés par l'Association pour le Droit à l'Initiative Économique - ADIE - pour tous les porteurs de projets qui n'ont pas accès à un crédit bancaire professionnel classique. Il s'agit soit d'un micro crédit professionnel jusqu'à 10 000€ soit un prêt d'honneur à taux zéro et une prime selon les régions (https://www.adie.org). La Nef peut aussi vous accorder un crédit solidaire. Il s'agit d'une coopérative de finances solidaires. Elle finance uniquement des projets écologiques et d'économie sociale et solidaire au sens large (https://www.lanef.com). Enfin, vous pouvez vous rapprocher des Caisses Solidaires. Il s'agit d'un établissement de crédit spécialisé agréé entreprise solidaire d'utilité sociale.

Ils proposent des produits d'épargne et des prêts innovants qui contribuent au développement économique des territoires, à la création d'emploi et à l'émergence de circuits-courts économiques et solidaires (http://www.caisse-solidaire.fr).

Le Livret d'Épargne Entreprise - LEE -

Il est destiné à financer la création d'entreprise, c'est un produit peu connu des banquiers qui n'en font pas la promotion. Certains réseaux bancaires ne le commercialisent même plus. Il est donc peu utilisé par les créateurs et repreneurs. Il ne faut pas hésiter à en parler à votre banquier.

Son principe est identique à celui du "plan épargne logement", plus connu du public : le créateur épargne pendant plusieurs années, ce qui lui permet au terme de cette phase d'accéder à un prêt à taux réduit.

Les aides ciblées sur certains publics via France Active

France Active est un réseau de proximité qui aide au financement des entreprises solidaires à travers plusieurs dispositifs (FGIF) : France

Active permet aux femmes et aux jeunes de bénéficier du Fonds de Garantie pour l'Initiative des Femmes pour toute création le FGIF s'adresse à la gérante détenant la majorité du capital pour un prêt d'une durée allant de 2 à 7 ans avec un minimum de 5 000€. La quotité maximale garantie est de 70% avec un montant de 45 000€.
Pour l'entreprise, il y'a un coût de 2,5% du montant garanti. Les cautions personnelles sont exclues (https://www.franceactive.org).

- Facil'Bail : Ce dispositif remplace le dépôt de caution, si vous êtes bailleur, par une garantie bancaire. Vous pouvez bénéficier de Facil'Bail en complément d'une garantie sur un crédit à moyen terme. La banque peut vous demander une garantie complémentaire.

- Fonds de garantie pour les entreprises solidaires (FGES) : Ce dispositif vous permet de vous apporter de la trésorerie et de financer vos investissements. Les prêts que vous pouvez obtenir vont de 5 000€ à 100 000€, pour une durée minimum d'un an. La garantie ne doit pas dépasser 50% du montant du prêt et ne peut excéder 5 ans. La quotité financée par le prêt ne doit pas excéder 70% du montant HT des investissements. Pour l'entreprise, il y'a un coût de 2% du montant garanti payable à la mise en place de la garantie.

- Fonds de garantie pour les structures d'insertion par l'économique (FGIE) : ce dispositif vous permet de vous apporter de la trésorerie et de financer vos investissements. Vous devez signer au préalable une convention avec l'État.
Pour financer votre Besoin en Fonds de Roulement, vous pouvez prétendre à un prêt sans caution personnelle de 15 000€ à 120 000€, d'une durée de 2,5 ans à 7 ans, avec une garantie maximale égale à 50% du prêt.
Pour financer vos investissements, vous pouvez prétendre à un prêt sans caution personnelle de 7 500€ à 60 000€, d'une durée de 2 ans à 12 ans, avec une garantie maximale égale à 50% du prêt. Pour l'entreprise, il y a un coût de 2,5% du montant garanti.

- France Active Garantie (FAG) : Ce dispositif vous permet de vous faciliter l'accès au crédit bancaire si vous êtes demandeur d'emploi, ou en structure d'insertion, en précarité économique ou si vous avez créé votre Entreprise Solidaire.
Le montant maximal de la garantie est de 65% pour les entreprises en création. La durée de celle-ci est de 5 ans maximum. Pour l'entreprise, il y'a un coût de 2% du montant garanti qui est payable en une seule fois à la mise en place du prêt.

Les subventions, bourses et autres participations

Sans apport personnel, il sera difficile de lancer votre entreprise. En effet, en apportant vos économies c'est une manière de prouver que vous croyez en votre projet. De plus, les banques financent votre projet à hauteur de 70%, il faut donc faire appel à vos économies ou votre entourage (Love Money) pour rassembler les 30% restants.

Il existe cependant, de multiples aides s'adressant directement aux créateurs ou à l'entreprise nouvellement créée :

- les aides publiques qui sont des subventions directes par l'État (non remboursables). Elles sont peu nombreuses mais en fonction de la nature de votre projet, vous pourriez y avoir droit. Adressez-vous directement à votre CCI, à la chambre des métiers ou auprès de votre DIRECCTE. Pour les primes régionales, adressez-vous à la mairie directement.

- les concours : de nombreuses associations, fondations, clubs de créateurs permettent d'obtenir des bourses à travers des concours. Défi entreprendre, graine de boss, prix Moovjee, Trophées Avenir, Trophées entrepreneuriat au féminin… les concours nationaux et régionaux sont extrêmement nombreux. Vous pouvez retrouver la liste sur le site de l'AFE (https://www.afecreation.fr/pid563/concours.html#). Aussi, il y a régulièrement des concours ponctuels permettant de gagner des bourses et surtout de la visibilité. Pour ceux-ci, il vous faudra faire de la veille de manière quotidienne pour ne pas manquer les dates de remise de dossier.

- les dispositifs de prise de participations au capital :

  ✓ Les CIGALES : Ce club d'investisseurs est une structure typé capital-risque solidaire mobilisant l'épargne de ses membres au service de la création et du développement de petites entreprises locales et collectives.

  ✓ FinanCités : Ces investisseurs lèvent des fonds pour les entreprises fondées dans les quartiers en difficulté ou pour des personnes en précarité. Si vous souhaitez en bénéficier, vous devez savoir que leur participation est minoritaire, que le montant du financement est compris entre 25 000€ et 125 000€, et que leur investissement est limité à 5ans. Il ne vous est pas demandé de cautions (ni à vous, ni à votre entreprise).

- ✓ IDES : Cette société de capital-risque qui investit dans votre société a pour vocation de renforcer les fonds propres. Ce dispositif est mis en place pour les sociétés coopératives.
  Vous pouvez bénéficier d'un montant de de 80 000 € à 600 000 €, ou jusqu'à 1 000 000 € en fonction du risque couru, et ce sous forme de souscription de titres participatifs.

- ✓ Fondelia : Cette société d'investissement est destinée exclusivement à lever des fonds pour les TPE. Vous pouvez obtenir un financement allant de 10 000€ à 30 000€ pour investir.

- le crowdfunding est de plus en plus utilisé. Il s'adresse aux créateurs d'entreprise qui ne possèdent pas les fonds suffisants pour se lancer et ne souhaitent pas faire appel au crédit bancaire. **La participation des internautes peut prendre la forme d'un don (avec une contrepartie : cadeau, invitation, carte avec remerciements ...). Elle peut aussi être une réelle participation dans le capital de la société, l'internaute recevra alors des dividendes et une plus-value éventuelle lors de la cession de ses parts.**

Il existe plusieurs sites de crowdfunding :

- ✓ Anaxago (plateforme de financement avec prise de participation)
- ✓ Babeldoor (plateforme de don)
- ✓ Babyloan (plateforme de prêt)
- ✓ FindandFund (plateforme de financement avec prise de participation)
- ✓ Fondatio (plateforme proposant les 3 modèles)
- ✓ Happy Capital (plateforme de financement avec prise de participation)
- ✓ Hello merci (plateforme de prêt)
- ✓ Indiegogo (plateforme de prêt)
- ✓ Investir99 (plateforme de financement avec prise de participation)
- ✓ Kisskissbankbank (plateforme de don)
- ✓ Mynewstartup (plateforme proposant les 3 modèles)
- ✓ Notrepetiteentreprise (plateforme de don)
- ✓ Particeep (plateforme de financement avec prise de participation)
- ✓ Reservoirfunds (plateforme de don)
- ✓ Smartangels (plateforme de financement avec prise de participation)
- ✓ Sowefund (plateforme de financement avec prise de participation)
- ✓ SparkUp (plateforme de financement avec prise de participation)
- ✓ U'start (plateforme proposant les 3 modèles)
- ✓ Ulule (plateforme de don)

La création

Le business plan est monté, vous êtes accompagné par un organisme, vous avez trouvez les financements dont vous aviez besoin... alors c'est parti ! Il est temps de passer à la création de votre entreprise. Cependant, nous vous conseillons d'avoir un besoin de facturer pour créer votre société. En effet, vous allez bénéficier de plusieurs aides qui prendront effet dès la date de création. Partons de l'hypothèse que vous avec obtenu l'ACCRE, qui vous exonère de vos charges sociales. Si vous ne facturez pas les 6 premiers mois vous perdez 6 mois d'avantages que procure l'ACCRE. Attendez donc d'avoir vos premiers clients et vos premières factures pour lancer l'entreprise.

Nous allons passer rapidement sur les statuts juridiques et fiscaux, qui doivent bien évidemment être mentionnés, et nous mentionnerons l'essentiel, mais si vous souhaitez approfondir, vous trouverez de nombreux guides sur le marché.

Les statuts juridiques

Comme vous le savez, il existe deux types d'entreprises : l'entreprise individuelle et de la société.

L'entreprise individuelle n'est pas dissociée du chef d'entreprise par la création d'une personne morale. Vous déclarez ainsi l'exercice d'une activité professionnelle indépendante, en votre nom et il vous est attribué un numéro de SIRET pour l'exercer. Elle présente une grande simplicité de fonctionnement ; cependant les patrimoines personnels et professionnels sont confondus.
La société est une personne morale créée par un ou plusieurs associés pour exercer une activité. Les associés nomment le dirigeant et lui versent une rémunération (pas obligatoire) pour l'exercice de son mandat de gestion. Le dirigeant peut être un des associés ou n'avoir aucune participation dans le capital de la société.

Les sociétés les plus courantes sont la SARL, la SAS et leurs pendants unipersonnels : l'EURL et la SASU. **Dans ces sociétés unipersonnelles, le capital est détenu par un seul associé, qui est aussi le gérant.**

L'EURL peut se définir comme une SARL mais

avec un associé unique. Il y'a d'autres distinctions qui interviennent, comme le régime fiscal par défaut de l'impôt sur le revenu (IR) pour l'EURL et l'impôt sur les sociétés (IS) pour la SARL.

L'EURL peut cependant faire la demande de l'IS si elle le souhaite. Entre SAS et SASU, les règles fiscales sont les mêmes, le choix entre ces deux formes juridiques s'effectuera en fonction du projet de votre société, et si vous souhaitez vous lancer seul ou éventuellement vous associer.

Une imposition sur les bénéfices qui diffère entre SARL et EURL

Concernant l'EURL, le régime de l'impôt sur les sociétés (IS) est appliqué automatiquement, mais il est possible d'opter pour le régime de de l'impôt sur le revenu (IR).

Dans le cas d'une imposition à l'IS, le gérant disposera d'une rémunération soumise à l'impôt sur les revenus mais dans le cadre des dirigeants, un abattement de frais professionnels plafonné à 10% sera ainsi calculé sur les frais réels.

Si le gérant préfère adopter le régime de l'impôt

sur le revenu, la situation sera différente s'il est également associé. Dans cette situation sa rémunération sera imposable et ne se verra pas soustraite à ses bénéfices sociaux.

Pour la SARL, le régime mis en place par défaut est l'IS pour faire profiter les associés de la même imposition que les salariés. La rémunération perçue par chacun de ces associés sera déductible des charges sociales et des primes versés dans l'année.

Entre la SAS et la SASU, il n'existe pas de différences fiscales

La SAS et la SASU se rejoignent totalement en ce qui concerne leur imposition. Elles pourront ainsi toutes les deux bénéficier de l'impôt sur les sociétés par défaut, avec une possibilité d'option pour l'IR.

Le choix de la forme juridique d'une entreprise interviendra au moment de votre décision à lancer votre activité. SARL, EURL, SAS ou SASU, tout dépendra de votre projet personnel, et surtout si vous souhaitez démarrer votre entreprise seul(e) ou si vous comptez vous associer.

Il est essentiel de prendre en compte l'ensemble des paramètres relatifs à chacune de ces structures pour effectuer un choix le

plus judicieux possible (voir tableau de comparaison Société Anonyme - SA - SARL, EURL, SAS, SASU en page suivante).

Synthèses des caractéristiques des différents statuts juridiques fréquemment utilisés

	SA	SARL/EURL	SAS/SASU
Nombre de personnes	7 à illimité	1 (EURL) à 100	1 (SASU) à illimité
Associés	associés personnes physiques ou personnes morales, majeurs et mineurs émancipés ou non émancipés par l'intermédiaire de son administrateur légal	associés personnes physiques ou personnes morales	associés personnes physiques ou personnes morales, majeurs et mineurs émancipés ou non émancipés par l'intermédiaire de son administrateur légal
Responsabilité	limitée aux apports	limitée aux apports	limitée aux apports
Patrimoine de l'entreprise	patrimoine propre à la société	patrimoine propre à la société	patrimoine propre à la société
Statuts à rédiger	oui, et également un projet de statuts au préalable	oui	oui
Capital social	37 000 euros minimum	aucun minimum requis	aucun minimum requis
Composition du capital social	apports en numéraire et en nature	apports en numéraire et en nature	apports en numéraire et en nature
Libération des apports en numéraire	la moitié au moins dès la constitution, puis le solde dans les 5 ans	un cinquième au moins dès la constitution, puis le solde dans les 5 ans	la moitié au moins dès la constitution, puis le solde dans les 5 ans
Commissaire aux apports	obligatoire en cas d'apports en nature	obligatoire en cas d'apports en nature mais dispense possible si aucun bien n'a une valeur supérieur à 30 000 euros et si l'ensemble des apports en nature n'excède pas la moitié du capital social	obligatoire en cas d'apports en nature
Titres	capital social réparti en actions	capital social réparti en parts sociales	capital social réparti en actions, possibilité de créer plusieurs catégories d'actions
Apports en industrie	impossible	possible, mais n'intègre pas le capital social	possible, mais n'intègre pas le capital social

Le statut fiscal

Lorsque l'entreprise réalise un bénéfice, celui-ci est soumis à un impôt, qui diffère selon le statut juridique de l'entreprise et l'option fiscale retenue. Le bénéfice imposable résulte de la différence entre les recettes acquises et les dépenses engagées au cours de l'exercice. Les recettes à prendre en compte sont :

- les produits d'exploitation (marchandises vendues, services fournis)
- les produits financiers (revenus mobiliers)
- les produits exceptionnels (subventions, plus-values réalisées suite à la vente de biens)

Les dépenses pouvant être prises en comptes sont celles dont le montant est réel et justifié :

- frais d'installation ou de premier établissement
- achats de fournitures
- frais de locaux professionnels (loyers, redevances de location-gérance-
- frais d'entretien et de réparation
- frais de personnel (salaires, charges sociales)
- honoraires, commissions
- achat de matériels et mobiliers
- frais de location de matériel
- impôts professionnels
- charges financières (intérêts d'emprunt)

- charges exceptionnelles (dons, créances irrécouvrables)
- frais de déplacement
- frais de repas, de réception, d'assurances ...

L'entreprise individuelle et l'EURL sont, par défaut, imposées à l'impôt sur le revenu (IR). Les bénéfices sont des revenus personnels de l'entrepreneur et sont donc intégrés à la déclaration de revenus de l'entrepreneur dans la rubrique Bénéfices Industriels et Commerciaux ou Bénéfices Non Commerciaux, selon la nature de l'activité.

Le taux appliqué est progressif, en fonction de l'ensemble des revenus du foyer fiscal. L'entrepreneur individuel et l'EURL peuvent néanmoins opter pour l'impôt sur les Sociétés (IS) mais cette option est irréversible.

Les PME sont par principe soumises à l'impôt sur les sociétés (IS). Le taux réduit est de 15% sur ses 38.120 premiers euros de bénéfices. Puis de 28% pour la fraction de bénéfices imposables comprise entre 38.120 € et 500.000 €. Le taux normal de 33,33% au-delà.

Il faut bien faire la distinction entre le bénéfice de la société, imposé à l'IS et les revenus personnels du dirigeant, imposés à l'IR dans un second temps. La rémunération du dirigeant est déduite du bénéfice comme une charge de personnel et n'est donc pas doublement imposée. Si le dirigeant est également actionnaire de la société, il peut percevoir 2 types de revenus imposés à l'IR : un revenu de son activité déclarée en traitement des salaires, un revenu de son investissement (dividendes) déclaré en revenu de capitaux mobiliers.

Les sociétés peuvent également, sous certaines conditions, choisir le régime de l'IR pour l'imposition de leur bénéfice.

<u>Les formalités</u>

Votre entreprise sera alors déclarée :

- au répertoire Sirene tenu par l'Insee (Institut national de la statistique et des études économiques),
- au registre du commerce et des sociétés (RCS), tenu par le greffe du tribunal de commerce, si votre activité est commerciale ou si vous créez une société,
- au répertoire des métiers (RM), tenu par la chambre des métiers et de l'artisanat (CMA), si votre activité est artisanale.

Après avoir immatriculé votre entreprise, vous recevrez :

- un numéro unique d'identification : le Siren que vous utiliserez dans vos relations avec les organismes publics et les administrations, et un ou plusieurs numéros Siret, délivrés par l'Insee,
- un code d'activité APE (activité principale exercée), délivré également par l'Insee.

Attention, le CFE ne prend pas en charge certaines formalités telles que la domiciliation de votre entreprise, la protection de son nom auprès de l'INPI est à faire vous-même, la souscription de contrat d'assurance (qui sont obligatoires pour votre activité).

Publier une annonce légale est également une démarche obligatoire que vous devez effectuer.

Vous pouvez le faire auprès du site https://afe.annonces-legales.fr/.

« Les formalités sont finalement plutôt simples, en même temps que vous faites votre déclaration, ouvrez le compte et engagez les procédures pour la publication de votre annonce au journal officiel »

Juliette, créatrice de bien-être

2

DEVELOPPEMENT COMMERCIAL :

LE RÉSEAU, UN PREMIER PIED SUR LE MARCHÉ

Quelle que soit votre votre entreprise, la partie commerciale est un incontournable et surtout un indispensable à la longévité de votre projet.

Tout au long de votre activité, vous devrez prospecter, vous entretenir avec vos prospects / clients et surtout, vous devrez constamment vous vendre, même dans votre vie privée. Il faudra rapidement vous habituer à « pitcher » votre projet où que vous soyez. L'idée c'est que même votre grand-mère à qui vous expliquerez votre projet pendant le repas de famille comprenne ce que vous faites, l'objectif de votre entreprise et à quels besoins vous répondez.

Alors autant joindre l'utile à l'agréable en passant de beaux et bons moments lors de votre prospection.

Dans cette partie, nous vous présenterons l'intérêt de vous rendre dans les soirées de networking, nous vous montrerons à quel point les réseaux sociaux professionnels peuvent vous aider et enfin, nous verrons comment obtenir des clients par la simple création de partenariats.

« Depuis que je vais dans les afterworks, tous mes contacts sont qualifiés et je fais fonctionner le bouche à oreilles »

Etienne, Founder & CEO

Les afterworks, conférences et nombreux évènements

Vous ne savez pas par où commencer pour la prospection ou pire encore vous n'êtes pas commercial dans l'âme et vous ne savez pas comment vous y prendre ? Que ce soit du BtoB ou du BtoC, il y a un tas d'approches pour conquérir votre cible. Le networking est le meilleur levier si vous souhaitez obtenir une réelle proximité avec vos prospects. Au-delà de démarcher, vous pourrez échanger sur votre produit ou service, obtenir des retours d'expérience, être informé sur l'évolution du comportement du consommateur et leurs habitudes d'achats.

En fonction de votre activité et de votre cible, vous pouvez scruter vos évènements Facebook : en fonction des pages que vous aimez, vous aurez des afterworks qui vous seront proposés. Par exemple, si vos cibles sont les start-up, vous pouvez suivre des groupes et pages en lien afin de vous tenir informé de tous les évènements autour de vous.

Aussi, vous pouvez **suivre sur Twitter et Facebook des pépinières de start-up ou incubateurs de start-up** (*Station F, Le Village, la Gaité-Lyric* etc.).

Si vous êtes une femme, de nombreux afterworks vous sont dédiés. Il existe un grand nombre de collectifs féminins proposant des afterworks, ateliers, etc. Ces moments d'échange et de partage sont d'une extrême bienveillance et le bouche à oreille y fonctionne très bien.

Les Lundis Paradis créés par l'association *Femmes Entrepreneurs* sont des rencontres de femmes qui regroupent chaque mois de nombreuses fondatrices dans un lieu, le bar La Capsule, sous forme d'afterworks. Elles partagent leurs expériences, leurs problèmes, leurs bons plans et astuces et développent leurs business. Ces afterworks favorisent le networking et le partage d'expérience en donnant de la visibilité aux entreprises féminines et en développant le leadership.

www.f-entrepreneurs.com

Féminalink est un réseau féminin regroupant des femmes de tous secteurs d'activités qui entreprennent ou qui ont des postes à responsabilités. Il permet à ces personnes de la gent féminine de créer une connexion et de réaliser des opportunités business / réseau / partage au sein d'une communauté ambitieuse et bienveillante. Ce réseau propose des conférences animées par des entrepreneuses, des coachings, des talks, des Facebook live etc. afin de booster la vie professionnelle des femmes qui entreprennent.

www.feminalink.com ou l'application dispo sur iOS & Android.

Co-Women est un réseau féminin proposant des événements généralement le matin sous forme de petits déjeuners ou de déjeuners. Talks, formation, présentation de sucess stories ... tout est réuni pour faire évoluer les femmes dans leurs projets. Ce réseau permet d'échanger, développer son réseau et son business, trouver des solutions à des problématiques communes que les fondatrices rencontrent, gagner en compétences sur des sujets méconnus et rompre avec l'isolement. Ce réseau est aussi basé sur l'entraide et la bienveillance.

www.facebook.com/cowomentreprenership/

En ce qui concerne les afterworks, conférences et autres événements, vous pouvez également aller visiter le site ou l'application *Meetup*. Ce projet vous permet de participer à des évènements qui correspondent à votre activité ou alors d'organiser votre propre rencontre.

www.meetup.com ou l'application dispo sur iOS & Android.

Ce que nous pouvons vous conseiller, c'est de faire constamment de la veille afin de vous tenir au courant de chaque événement vous concernant. C'est vous qui savez où se trouve votre cible, où aller la chercher. Restez à l'affût des rencontres, conférences et nombreux afterworks pour garder une certaine proximité avec votre cible.

Prenez le temps, une à trois fois par mois, de vous rendre dans ces évènements car ils ont beaucoup de pouvoir et ils vont vous aider à faire décoller votre business.

Aussi, il existe de nombreux appels à projets et concours vous permettant de mettre en lumière votre entreprise.

LaBigAdress Challenge vous permet de mettre en lumière votre entreprise tout en réalisant des collaborations fructueuses.

Funding The Mouvement pour les projets favorisant le déplacement urbain durable et efficace, *Innover à la Campagne* pour les start-up situées à la campagne, *Climate Lauchpad* pour les start-up en lien avec le climat, *Le Challenge du Possible* pour les projets agricoles, *Women4climate* pour les projets visant à lutter contre le réchauffement climatique, *le Start-up Contest* pour les sociétés dans l'industrie du tourisme, *Le Grand Prix de l'innovation* pour les entreprises porteuses de projets innovants, dans les domaines de la mobilité, l'énergie, la e-santé et les technologies, *Le Concours Talents BGE* pour les entreprises dans le domaine de l'innovation à l'Économie sociale et solidaire, en passant par l'Artisanat.

Il existe de nombreux concours permettant de vous rendre aux évènements afin de créer de réelles opportunités pour votre start-up. Ces concours sont de véritables tremplins pour booster le développement de votre entreprise. En effet, vous y gagnez un prix, vous créez du réseau et vous faites parler de vous puisqu'il y a généralement des retombées presse et digitales.

Nous avons rédigé une liste succincte des concours existants mais c'est à vous en fonction de votre localisation géographique et de votre activité d'aller à la recherche des concours les plus pertinents pour votre entreprise.

Attention, il ne s'agit pas de participer à tous les concours puisque cela prend du temps avant, pendant et après. Sélectionnez donc les concours les plus adaptés à votre projet.

Enfin, les salons sont les meilleurs lieux pour faire du réseau. Participez aux conférences, discutez avec les conférenciers, rendez-vous aux tables rondes et si vous avez l'occasion donnez vous-même des conférences (moyennant un coût bien évidemment).

Voici une liste non exhaustive de salons auxquels vous pouvez participer :

- ✓ Vivatech
- ✓ Salon de la Micro-Entreprise
- ✓ Salon des entrepreneurs
- ✓ Salon SME
- ✓ …

« Les afterworks ont boosté mes ventes grâces aux différentes rencontres que j'ai pu y faire »

Léa, Créatrice de box offrant un brin de nature

Les réseaux professionnels et applications

Les réseaux professionnels online et offline sont importants pour votre business. Ce sont les seules formations de manière continue au métier de dirigeant. Ils vous aident à prendre du recul, progresser, partager vos bonnes pratiques et vos expériences, obtenir du soutien ainsi que des solutions à certains problèmes rencontrés et ils donnent une nette impulsion au développement de votre entreprise.

Les réseaux d'affaires

Pour le BtoB, un grand nombre de réseau d'affaires sont présents.

Le BNI (Business Network International) est le réseau actuellement le plus important avec une présence dans toute la France et à l'international. Le BNI est basé sur la recommandation afin de permettre aux entrepreneurs et professions libérales de développer leurs ventes. Il s'agit de petits déjeuners qui se tiennent une fois par semaine où les membres se retrouvent pour présenter leurs entreprises, leurs objectifs, présenter les entreprises qu'ils recherchent etc. Il faut prendre en compte une cotisation annuelle pour entrer dans le réseau BNI d'un montant compris entre 1000 et 1500€. Il existe des groupes BNI dans toute la France, vous pouvez faire une recherche et contacter un groupe afin d'être invité pour découvrir la puissance du réseau.

Optimrezo, l'ARA, club BDN, Haoui ... il existe plusieurs autres réseaux d'affaires. C'est à vous de regarder autour de vous et de comparer les cotisations, les avantages de chacun de ces réseaux.

Le CJD (Centre des Jeunes Dirigeants) est davantage porté sur la stratégie. Il a pour objectif de regrouper, sur un lieu de travail, des entrepreneurs afin qu'ils réfléchissent ensemble pour imaginer l'entreprise de demain en mettant l'humain au cœur des échanges. Il y a de nombreuses rencontres, conférences, formations qui sont généralement axées sur le développement des entreprises et sur le développement personnel du dirigeant. Au-delà des rencontres, là encore, il permet de créer son réseau et de booster le développement des ventes. Comptez une cotisation de 1500€ maximum par an.

L'APM (Association Progrès du Management) est à la fois un club de réflexion et un atelier de formation. Il permet aux entrepreneurs de partager leurs expériences, débattre de problématiques liées au management et sortir de l'isolement. Le but étant de prendre du recul, bousculer les dirigeants en faisant le plein d'idées opérationnelles. Les domaines d'expertises sont les techniques et stratégie d'entreprise, le management, l'environnement de l'entreprise et le développement personnel du dirigeant.

Les associations de chefs d'entreprises

Les associations de chefs d'entreprises ont pour but d'apporter une valeur ajoutée sur des problèmes ponctuels, fédérer les entreprises sur des projets et ainsi mettre en lumière les sociétés des membres, proposer des idées pour le développement économique du territoire sur lequel l'association est basée.

Il existe de nombreuses associations telles que l'association des jeunes entrepreneurs ou encore des associations de regroupement des entreprises dans les plus petites villes.

Les réseaux sociaux professionnels

Ces réseaux sociaux professionnels peuvent avoir un grand impact sur votre business. Qu'il s'agisse de Linkedin ou Viadeo, en fonction de votre business, il est important pour votre activité d'être visible sur l'un des deux réseaux sociaux.

Attention, pour commencer, ne passez pas plus de 30 minutes par jour. Il faut apporter du contenu, développer le réseau en se créant des contacts. C'est parfois long donc il est préférable de tester avant d'y passer beaucoup de temps.

Linkedin, Viadeo ou encore Xing sont les réseaux sociaux les plus prometteurs en fonction de votre activité et de votre objectif de développement (France ou International).

Xing, vous proposera, en plus de Linkedin ou Viadeo, un accès à des conférences, séminaires, salon etc.

Les applications de networking

Construire son réseau professionnel n'est pas toujours simple et les réseaux sociaux professionnels peuvent avoir leurs limites. Vous pouvez utiliser des applications qui faciliteront le networking.

Shapr est le Tinder* du networking, son algorithme vous proposera des profils de professionnels en fonction de votre géolocalisation, vos expériences et vos centres d'intérêts.

C'est aujourd'hui l'application la plus évoluée en France mais vous retrouvez Ripple aux Etats-Unis ou encore Bumble Bizz sur notre territoire mais cette application est davantage destinée aux femmes.

*Tinder : application de réseautage social fonctionnant sur Android

Les partenaires

Les partenaires sont indispensables pour offrir de la visibilité à votre start-up. Dès lors que vous commencez à obtenir des utilisateurs, clients ou même une communauté sur les réseaux sociaux, vous pouvez activer des partenariats.

Aussi, si votre offre peut être complémentaire à l'offre d'une grande entreprise, n'hésitez pas à leur proposer vos services. **Pour mettre toutes les chances de votre côté, nous vous conseillons d'arriver avec une proposition de partenariat bien ficelée en mettant bien en avant les avantages que cette entreprise obtiendra à créer ce partenariat.**

En fonction de votre activité, vous pouvez proposer un partenariat qui viendra soulager le client de votre partenaire ce qui lui permettra d'utiliser sa solution.

En d’autres termes, si vous répondez à un besoin qui est un frein à l’utilisation du service de votre partenaire, foncez proposer un partenariat !

Par exemple, la start-up Animaute a créé un partenariat avec la SNCF plus précisément OUIBUS pour permettre aux voyageurs de pouvoir partir sur un coup de tête (et donc d’utiliser les services OUIBUS) sans se soucier de leurs animaux. Le partenariat offrait trois jours de garde aux propriétaires d’animaux qui partaient via les services de la SNCF (seulement sur les 100 premières réservations afin de ne pas perdre trop d’argent).

Second exemple, la start-up Office Riders était partenaire d’un *Before Work* (fiesta de 6h à 9h du matin) organisé à Station F. Pour Office Riders, l’avantage était de faire connaître son service aux start-up de l’incubateur ainsi qu’aux entreprises invitées tout en organisant un événement avant-gardiste faisant parler de lui au travers la presse. Pour Station F qui se doit être novateur et à la pointe des évènements nouveaux c’est mission réussie donc tout le monde y trouve son compte.

Aussi, si vous proposez des produits, vous pouvez proposer aux nombreuses box (www.touteslesbox.fr) présentes sur le marché français, un partenariat afin qu'ils fassent goûter le fruit de votre travail, à leurs clients (qui deviendront surement les vôtres prochainement ...).

Libre à vous d'imaginer les partenariats les moins coûteux pour vous et les plus pertinents pour les grandes entreprises ou start-up ayant une clientèle similaire à votre cible.

« Nous avons réalisé un partenariat avec la Oopsie Box, la box des parisiens, où nous avons offert un code promo à leurs clients. Nous avons récolté une cinquantaine de nouveaux clients devenus fidèles à notre service »

Julie, Responsable Communication

3

L'IMPORTANCE DU MANAGEMENT

Le management, qu'il soit horizontal ou vertical a un rôle considérable et celui-ci aura de grandes conséquences sur le développement de votre start-up.

Au-delà d'un environnement qui attire la génération Y, il est nécessaire de remplir certaines cases afin d'attirer cette dernière génération. Liberté, flexibilité, confiance et bien-être sont les mots d'ordre !

Valoriser le bien-être des salariés à l'aide d'un CHO (Chief Hapiness Officer) ; offrir davantage de flexibilité grâce au télétravail, l'autonomie ou des horaires flexibles ; inclure l'ensemble des salariés dans les réflexions stratégiques afin de recueillir les différents avis en fonction des parcours ; utiliser la gamification (ludification) des challenges pour maintenir les équipes motivées, utiliser les réseaux sociaux en interne pour communiquer à la place du mail (Slack est le plus adapté car WhatsApp et Skype ont leurs limites) et utiliser les nouvelles technologies... Voilà le minimum de solutions que vous devez mettre en place.

À l'ère d'un management horizontal en start-up, copié par les grandes entreprises, il est essentiel de ne pas le sous-estimer. En effet, en premier lieu, les collaborateurs sont tous très enjoués à l'idée de pouvoir traiter tous les sujets puisque la génération des millennials (ce sont les 20/25 ans qui sont nommés ainsi) est multitâches. Seulement, cela fonctionne avec une certaine méthode de management car cette génération se lassera très vite du multitâches.

La cohésion d'équipe

La cohésion des équipes joue un rôle crucial car elle va lier les collaborateurs. En effet, les salariés seront davantage engagés et motivés. Ils seront solidaires et communiqueront entre eux. Aussi, les équipes seront plus performantes pour faire avancer le développement de votre start-up. Vous (le ou les fondateurs) êtes le leader de l'équipe, vous devez donc partager votre vision fondatrice avec les membres de l'équipe pour enclencher une dynamique d'évolution.

Le feedback

Vous pouvez donc, en plus de l'entretien annuel, faire des feedbacks à l'équipe de manière continue. En effet, conservez uniquement l'entretien annuel pour parler des objectifs atteints ou non et des projets futurs suivi d'une sortie pour souder les collaborateurs. **De manière hebdomadaire ou mensuelle, prenez le temps d'échanger avec vos collaborateurs sur ce qui a fonctionné, ce qui a moins fonctionné, les solutions que vous avez mises en place etc.**

Les moments de détente et afterworks

Surtout ne négligez pas les afterworks avec votre équipe, tout est prétexte à passer du temps ensemble. Un anniversaire ? Faites un petit déjeuner tous ensemble (préparé par celui qui prend une année supplémentaire, bien évidemment) ou allez prendre un verre en offrant un petit cadeau à la personne concernée. Une naissance ? Prenez un goûter pour féliciter les jeunes parents. À Noël, faites un sapin, décorez vos locaux (en plus, cela alimentera vos réseaux sociaux) et prenez le temps d'organiser une journée dédiée à vos collaborateurs accompagnée d'un restaurant et d'une virée pour les plus motivés.

Si vous êtes dans une pépinière d'entreprise ou un incubateur de start-up, participez aux évènements qui vous sont proposés par le lieu, avec vos collaborateurs.

Aussi, pour les évènements extérieurs, proposez aux membres de vos équipes de s'y rendre avec vous en essayant d'inviter tous les collaborateurs sur l'ensemble des évènements. En effet, si ce sont toujours les mêmes, cela va créer des tensions entre les équipes.

Pour le déjeuner, proposez aux collaborateurs de déjeuner tous ensemble dans une pièce dédiée ou alors partez déjeuner avec chacun des groupes en effectuant un roulement.

Enfin, dans une équipe, vous aurez toujours un élément qui sort du lot. Plus impliqué que les autres, plus professionnel ou encore disposant de plus de compétences. Valorisez cette personne mais de manière discrète (en entretien individuel par exemple) afin de ne pas le mettre à l'écart du groupe. Aussi, ne comparez pas les salariés devant eux, même s'ils ont les mêmes missions. Par exemple, la phrase « regarde X, il a très bien géré sa mission, tu dois pouvoir faire pareil » est à bannir. Cela peut créer de l'isolement au sein de l'équipe pour l'un et pour l'autre. La personne valorisée dans la comparaison peut là encore, être mise à l'écart de l'équipe et l'autre personne comparée peut perdre confiance en elle et s'isoler de la même manière.

La motivation et l'implication des collaborateurs

Vous n'êtes pas sans savoir que votre start-up connaîtra un réel succès et deviendra potentiellement rentable au bout de 1 à 3 années d'exercices. En attendant, les profils que vous avez recrutés auront tendance à se démotiver en voyant leurs heures de travail se rallonger et leurs salaires stagner. La motivation de vos collaborateurs passe par la cohésion d'équipe mais doit aller encore plus loin pour ne pas connaître un turnover trop important.

<u>L'entrée au capital</u>

Après une première période en contrat de travail dans votre entreprise (envisagez le CDD de 6 mois débouchant sur un CDI pour vous assurer du talent de votre recrue), proposez à votre collaborateur d'entrer au capital de votre start-up. En effet, la première étape étant de passer du CDD au CDI est source de motivation. Une fois le CDI signé, afin de conserver les mêmes rythmes de travail dans votre équipe l'entrée au capital est un levier de motivation pertinent.

Ainsi les salariés ne seront pas en permanence à attendre une rémunération attractive (qui parfois ne vient jamais et peut donc démotiver considérablement une personne) ni même une évolution (qui parfois n'est pas possible si l'entreprise ne se développe pas assez vite).

En prenant des parts dans l'entreprise, même minimes, vos collaborateurs sont bien plus impliqués puisqu'ils travaillent pour développer la valorisation de la start-up et donc la revente de leurs parts. En effet, lorsque vous recrutez des profils compétents et que vous ne pouvez proposer un salaire correspondant à leurs attentes, la proposition de parts reste la meilleure solution pour une motivation et une implication constante toute au long de la durée de développement de l'entreprise.

Aussi, la prise de risque est partagée entre le fondateur et ses collaborateurs. Les idées et les décisions seront analysées par l'ensemble des salariés entrés au capital.

L’écoute des salariés

L’épanouissement personnel des « millenials » passe par l’épanouissement professionnel en se dépassant chaque jour dans leur travail. Il est donc nécessaire de vérifier que chacun de vos collaborateurs soient épanouis dans leurs missions. Organisez des points pour évoquer les missions, le plaisir à les réaliser, leurs objectifs et leurs envies / projets. Il est important d’écouter les membres de vos équipes et de prendre en comptes les remarques négatives qui pourraient faire évoluer votre start-up.

De manière hebdomadaire, organisez une réunion individuelle de 20 minutes avec chacun de vos collaborateurs. Échangez sur les missions réalisées la semaine passée et sur les objectifs de la semaine en cours. En effet, si vous constatez que les objectifs prennent du retard, essayez d’alléger les missions pour ne pas placer vos salariés sous une forme de pression.

Accompagnez-les dans la priorisation des tâches afin que les plus importantes soient réalisées en premier. C’est à vous de mettre en avant l’importance d’une tâche face à une autre puisqu’il se peut que ce ne soit pas directement détecté par le membre de

votre équipe. Dans cette situation, montrez-leur comment sélectionner les tâches importantes en fonction des objectifs de celles-ci.

Aussi, dans le but d'impliquer les personnes, réalisez des réunions trimestrielles pour évoquer les objectifs, recueillir des idées ou des avis qui feront avancer la prise de décision. En effet, vos collaborateurs sont au cœur de votre activité et il est important d'écouter leurs retours avant de prendre une décision.

Par exemple, les personnes en lien direct avec les clients seront les mieux placés pour vous aider à prendre des décisions sur le traitement des réclamations puisque ce sont elles qui écoutent chaque jour les consommateurs / utilisateurs de votre solution / produit.

Un fondateur est toujours gagnant à passer du temps avec ses collaborateurs pour les écouter, prendre conscience de leur savoir-faire et de leur valeur. Le résultat est rapidement visible au niveau des équipes. En effet, un salarié qui sent chaque jour l'importance de son rôle aura la volonté et l'envie de se former lui-même pour monter en compétences.

Enfin, selon la taille de votre équipe et si vos ressources financières le permettent, vous pouvez nommer des managers / chefs de pôle afin de répartir le management pour ne pas que celui-ci repose uniquement sur les épaules des fondateurs. Cela vous sera d'un grand soutien lors des phases moins agréables que vous pourriez connaitre (difficultés financières, développement rapide non anticipé entrainant une lourde charge de travail, tensions entre les équipes etc).

La confiance

Tout au long du développement de votre start-up, vous connaîtrez des phases de croissance et des phases plus difficiles. Il est donc nécessaire de tisser un lien de confiance et de solidarité avec vos collaborateurs pour conserver leur motivation et implication lors de ces étapes.

En premier lieu, établissez un socle de valeurs solides et incassables que vous rappellerez dans les bons moments comme dans les moins bons. Aussi, valorisez vos salariés, du stagiaire au manager, félicitez-les pour les missions accomplies. Rappelez-leur que c'est un travail d'équipe et que sans eux, la start-up n'en serait pas au stade où elle se trouve à l'instant T. Montrez-leur que vous avez conscience de leur valeur et qu'ils sont importants. Valoriser vos employés leur donne la motivation lors de période difficiles et les poussent à se surpasser encore lorsque l'entreprise est au beau fixe. Outre les primes et avantages en nature, la confiance est le plus important pour garder la motivation et l'implication de vos salariés. Aussi, n'hésitez pas à « fêter » les victoires et grandes étapes de l'évolution de votre entreprise en les invitant à prendre un verre ou diner tous ensemble.

Le bien-être

Faîtes plaisir à vos salariés en leur offrant des expériences mémorables. Renseignez-vous sur leurs goûts pendant les afterworks ou pauses collectives pour leur offrir une place de concert, un billet pour un match, un diner dans un grand restaurant, etc. En effet, créer l'effet de surprise leur fera encore plus plaisir surtout lorsqu'ils se sont extrêmement impliqués dans un projet, une mission.

Concernant le rythme de travail, chacun de vos salariés est différent, il en est de même pour leur fonctionnement. Les uns préfèrent travailler le matin, les autres sont plus productifs la journée... et tandis que certaines personnes mangent en 15 minutes, d'autres souhaitent une vraie coupure. Pour obtenir le meilleur de chacun de vos collaborateurs, fixez les limites telles que le respect impératif des échéances et communiquez sur les horaires de travail mais ne leur imposez aucun rythme.

Au sujet de leur envie d'apprendre, laissez l'opportunité à vos collaborateurs de participer à une conférence, un séminaire ou un salon. C'est un bon moyen de les valoriser puisque c'est vous qui payez l'événement et ils auront envie de vous prouver que leur présence à celui-ci était importante pour le développement de l'entreprise et leur montée en compétence.

Enfin, pour prendre la température et avoir toutes les réponses à vos questions, vous pouvez une fois par an, réaliser des enquêtes auprès de vos collaborateurs, de manière anonyme. Cela leur permettra de vous communiquer tout ce qu'ils pensent et vous pourrez ainsi mettre en place des solutions adaptées.

4

L'ESSENTIEL : LA COMMUNICATION, AVEC OU SANS BUDGET

Quel que soit votre budget, votre activité, la taille de votre entreprise ou encore l'année de création, la communication est incontournable pour développer votre start-up.

Il est nécessaire de dégager chaque jour du temps pour communiquer sur votre activité. Aussi, il vous faudra sans cesse faire de la veille afin d'être constamment au courant de ce que proposent vos concurrents mais aussi pour ne pas effectuer les mêmes opérations de communication ou encore tout simplement vous inspirer des campagnes de communication qui sont mises en place dans votre secteur d'activité.

Que vous ayez du budget ou non, tous les moyens sont bons pour faire parler de vous. Au travers de vos salariés, de vos réseaux sociaux, de la presse, de votre blog, des influenceurs ou encore via des jeux concours ou des partenariats de communication.

Dès que vous le pouvez, faites appel à des professionnels de la communication pour vous aider à prendre du recul, à revoir vos objectifs afin de communiquer différemment.

Quoi qu'il en soit, quel que soit le stade de développement de votre projet, ne cessez jamais de communiquer. En effet, si vous vous lancez, cela permettra de tester votre marché.

« Nous avons obtenu nos premiers clients grâce à des articles de blog qui ont fait décoller le lancement de notre start-up ».

Albert, Co-founder & CEO de Clac des Doigts

Créer son image

Afin de vous démarquer sur votre marché, il est nécessaire de déterminer votre positionnement et de créer votre image de marque. Gardez en tête que cette image doit vous ressembler à vous, fondateur, puisque c'est vous qui êtes le plus à même de communiquer sur votre projet.

Pour créer votre image, vous devez utiliser votre histoire, savoir pourquoi vous avez décidé de lancer votre projet, ce que vous aviez identifié sur le marché. En effet, tous ces éléments serviront pour votre storytelling, votre ligne éditoriale, votre identité visuelle et tout le reste de votre communication. Votre image de marque doit en quelques secondes être révélatrice de votre activité pour vos futurs clients.

Afin d'avoir le message le plus impactant pour vos cibles (avec le bon message, vous êtes sûr que vos potentiels consommateurs / utilisateurs, ne vous oublieront pas), il est primordial de travailler sur les bases de votre marque. Si vous n'avez pas encore de marque, de logo, de charte graphique tout simplement, nos conseils devraient vous aider.

Les bases de votre marque

Si vous avez déjà le nom idéal pour votre projet, n'en changez pas (vous pouvez toujours synchroniser nos conseils et votre nom pour être certain que ce soit le bon).

Si vous êtes toujours à la recherche d'un nom pour votre entreprise vous pouvez mettre sur un papier tous les termes, les mots, les couleurs etc. qui vous viennent à l'esprit et qui vous semblent représenter au mieux votre marque. Choisissez plusieurs de ses mots et faites-en des associations. Sélectionnez celle qui sera votre nom puis à partir de votre marque, écrivez votre slogan. C'est la phrase d'accroche qui va rester le plus en tête de votre cible alors prenez le temps de bien le choisir.

Nous vous conseillons de communiquer le nom de marque que vous avez choisi, à

votre entourage et à des inconnus également pour connaître la perception qu'ils ont de votre projet, l'univers dans lequel il se trouve. Vous serez alors sûr que ce nom convient pour votre entreprise.

Après avoir réalisé cette étape, vous pouvez reprendre votre business plan pour définir exactement et précisément votre vision marketing avec vos intentions.

Définissez les valeurs de votre marque, celles-ci seront nécessaire pour communiquer mais aussi pour créer une relation de confiance avec vos cibles afin de les fidéliser. Sachez que vos valeurs seront importantes pour l'ensemble des acteurs de votre entreprise, notamment vos salariés.

Votre identité visuelle

Il est important de ne pas négliger l'apparence de votre projet. Elle doit être marquante et en parfaite adéquation avec votre positionnement et vos valeurs, puisque c'est la première vitrine de votre entreprise.

Aussi, pour ne pas perdre du temps, il est préférable de définir la bonne identité visuelle dès le départ afin de toucher tout de suite vos cibles.

Pour être la plus pertinente possible, votre charte graphique doit donc contenir :

- ✓ le logo et slogan(s)
- ✓ la palette de couleurs (2 à 5 maximum en utilisant principalement 2 couleurs)
- ✓ la typographie (2 typographies maximum claires et lisibles)
- ✓ des symboles qui représentent votre entreprise (2 à 5 maximum)
- ✓ des motifs (facultatifs – par exemple des confettis)
- ✓ la base line

De votre identité visuelle, votre logo est le plus impactant, il va permettre à vos cibles de vous reconnaître en un coup d'œil et surtout de garder à l'esprit votre marque. Il doit être visible, lisible, évocateur, bien proportionné mais surtout il doit être professionnel.

Que ce soit la combinaison d'un symbole et de votre slogan ou l'un ou l'autre, il est préférable qu'il soit déclinable car vous pourriez le modifier pour un événement, une actualité … Cependant, l'identité visuelle de votre entreprise ne doit pas changer régulièrement. Gardez la même 3 à 6 ans minimum pour ne pas créer la confusion dans la tête de vos cibles. En effet, si vous changez régulièrement de design de marque, vous risquez de perdre les cibles déjà conquises puisqu'elles ont en tête un design. Le modifier complètement reviendrait à perdre vos clients potentiels.

Si vous souhaitez effectuer des modifications, allez-y progressivement. Par exemple, ajoutez ou retirez une forme, changez légèrement la couleur sans vous éloigner trop de la couleur initiale, ajoutez ou retirez des détails au symbole ...

Pour le logo et même pour le choix de toute votre identité visuelle, en cas de panne d'idées ou de créativité, vous pouvez réaliser un « moodboard » de votre projet. C'est une planche d'inspiration qui regroupe l'histoire de votre marque, ses valeurs, son positionnement, ses intentions au travers de couleurs, mots, citations, illustrations, visuels, typographies, textures... Il reflète la personnalité de votre marque, son univers et ce à quoi vous aspirez pour votre start-up.

Le choix des couleurs, moment crucial… En effet, les couleurs sont très importantes puisque c'est la touche finale de votre identité visuelle. Les couleurs donneront du sens à votre projet, et de la personnalité. Elles sont liées à vos valeurs comme pour le logo.

Afin de vous aider à sélectionner les couleurs les plus appropriées pour votre projet, voici les différentes caractéristiques auxquelles renvoies les couleurs les plus fréquemment utilisées :

Jaune : optimisme, positivité, amitié, joie, confiance, émotion, gaité, vitalité, dynamisme

Orange : énergie, confort, créativité, sociabilité, sécurité, optimisme

Rouge : chaleur, sensualité, courage, force, provocation, motivation, détermination

Rose : douceur, féminité, tendresse, jeunesse

Marron : solidité, stabilité, chaleur, confort, douceur, assurance

Violet : intelligence, imagination, sagesse, luxe, innovation, authenticité

Bleu : calme, fraîcheur, sérénité, clarté, paix, sensibilité, intelligence, sécurité

Vert : équilibre, fraicheur, bonheur, harmonie, vitalité, optimisme, calme, sérénité, écologie, croissance

Noir : luxe, pouvoir, efficacité, sérieux, élégance, simplicité, sobriété

Gris : Austérité, équilibre, calme, neutralité, solidité, sobriété, modernisme

Blanc : Propreté, pureté, équilibre, légèreté, sérénité, luminosité

Doré : Puissance, chaleur, luxe, pouvoir, abondance, générosité

Argent : Prestige, glamour, modernité, technologies

Parler de son projet

Avant d'engager des sommes colossales, de lancer les campagnes prévues dans votre plan de communication, allez tout simplement communiquer de manière simple auprès des communautés afin de tester votre marché, votre positionnement etc.

Allez poser des questions à vos cibles sans trop vendre votre marque, demandez-leur leurs avis sur vos choix de couleurs, logos, slogan etc. Ainsi, vos potentiels clients découvriront votre projet, ses avantages et pourront aussi vous donner des pistes à explorer en matière de communication.

Le pitch

Où que vous soyez, vous devez savoir présenter votre projet en quelques secondes tout en présentant les avantages de votre marque afin de susciter les questions.

Pour attirer l'attention, commencer par vous présenter avec une phrase d'accroche impactante. Il s'agit de résumer votre parcours de manière simple avec des phrases courtes tout en ajoutant de l'émotion à votre histoire. Mettez en avant les avantages de votre start-up en donnant des exemples en y mettant votre touche personnelle (ton, humour, mimiques).

Votre discours doit être fluide et votre projet doit être compris par tous en 30 secondes. Il est nécessaire que vous soyez à l'aise sur la présentation de votre concept car cela va vous servir au quotidien.

En effet, vous devez parler de votre projet partout où vous passez. N'hésitez pas à discuter avec les commerçants de votre quartier, ils vous poseront plein de questions et parleront de votre entreprise à leurs fidèles clients.

Aussi, lorsque vous êtes à un mariage, en soirée, à un anniversaire etc, allez vers les autres, posez des questions sur leurs vies professionnels (c'est souvent comme ça

que l'on engage la discussion avec une personne inconnue) et n'hésitez surtout pas à présenter brièvement votre entreprise.

Communiquer à travers ses collaborateurs

Comme évoqué dans la partie précédente, le management à son importance pour le bon développement de votre start-up mais aussi pour votre communication.

Les premiers ambassadeurs de votre entreprise sont vos clients et aussi vos collaborateurs. **Un salarié épanoui dans son entreprise est un salarié heureux**. Lorsqu'une personne est heureuse, elle aime partager son bonheur à ses proches. Si vos collaborateurs se sentent bien dans votre start-up, ils communiqueront sur l'entreprise, leur quotidien en racontant les anecdotes positives.

De plus, vos collaborateurs sont eux aussi des utilisateurs des réseaux sociaux. Ils peuvent avoir une communauté correspondant à votre cible par exemple ou même encore, être de véritables influenceurs dans un secteur bien défini. Les afterworks, les challenges, les journées entre collègues, les déjeuners et autres sont autant de moments propices à être partagés sur les réseaux sociaux de vos salariés.

Quoi que vous fassiez, cela peut avoir des conséquences sur votre communication.

L'implication et la bienveillance

Gardez toujours en tête que tout ce que vous faites aura un jour des conséquences. Que ce soit auprès de vos clients ou même de vos prospects, chaque acte de bienveillance, d'entraide ou d'implication sera bénéfique pour votre entreprise. En effet, soyez toujours impliqué dans vos relations avec vos clients, surtout avec les plus exigeants (et donc les plus ennuyants…) car ils s'en souviendront toujours et vous remercieront à un moment. Ils sont aussi des ambassadeurs de votre marque et n'hésiteront pas à vous recommander.

En start-up vous pouvez vous permettre de faire un peu plus que ce que vous avez signé avec votre client en faisant preuve d'initiative afin de le surprendre pour le fidéliser davantage. Aussi, n'hésitez pas à faire des petits cadeaux à n'importe quel moment de l'année sans forcément attendre les fêtes de fin d'année comme la plupart

des entreprises le font ! Par exemple au moment d'un fait d'actualité important ou lors de votre départ en vacances d'été. Au-delà du fait qu'ils seront touchés par l'attention, ils ne vous oublieront pas lors d'un prochain besoin.

Enfin, l'avantage d'être une start-up c'est que l'on peut se permettre une certaine proximité. Vous pouvez donc glisser dans le sachet un petit mot personnalisé pour vos plus fidèles clients. N'hésitez pas à parler au nom d'un groupe en impliquant votre client au sein de celui-ci. En cas de service après-vente ou même si tout se passe bien, prenez le téléphone, appelez vos clients pour garder une proximité qui n'existe pas avec les entreprises plus grandes. De plus, il est toujours très important de placer l'humain au cœur de qu'il y ait une confiance mutuelle.

Prendre du recul, se faire accompagner

Entreprendre signifie travailler beaucoup. Que vous soyez seul ou associé, vous aurez toujours tendance à beaucoup travailler pour arriver à l'objectif ultime. Afin de mener sereinement votre projet et dans le but de prendre toujours les bonnes décisions, il est nécessaire de prendre du recul.

Prendre du recul

Prendre du recul sur son projet, c'est moins se disperser, c'est finir une mission avant d'en commencer une autre en travaillant que sur 3 missions maximum. C'est penser à soi en se vidant la tête (ayez une activité sportive, ça va vous changer !), s'imposer des moments de détente où vous allez décrocher complètement de votre entreprise.

Sortir un peu de son cadre professionnel est nécessaire au bon développement de votre start-up afin de rester sur la bonne trajectoire. Prendre des vacances par exemple, vous permettra de faire le plein d'énergie, de faire de nouveaux projets après vous être changé les idées. Sortez de votre zone de confort en essayant de regarder les choses sous un autre angle et en ne cessant jamais d'apprendre, de découvrir, de vous ouvrir au monde extérieur.

Vous pouvez faire des bilans : quel est le chemin que j'ai parcouru ?... quelles sont les compétences acquises et comment appréhender celles qui me seront utiles et adaptables ?... quelles sont mes ressources personnelles et professionnelles que je peux utiliser régulièrement ?... Etc.

Il est important de faire des bilans pour avancer et parfois se remettre en question, prendre conscience de ses erreurs ou d'un rythme trop soutenu ne laissant pas suffisamment de place pour la réflexion et l'improvisation.

Enfin, en prenant du recul, vous vous apercevrez que vous devez apprendre continuellement mais aussi, sachez que vous ne pouvez pas tout savoir. Entreprendre ne signifie pas tout savoir sur tout, mais cela signifie s'entourer des bonnes équipes afin de prendre les bonnes décisions, bien qu'il faille savoir prendre des risques pour aller au bout de ses idées. Rappelez-vous toujours que c'est vous le leader de l'équipe et que vous devez pour avancer, vous appuyer sur les compétences des uns et des autres.

Se faire accompagner

Faire passer le bon message au bon moment n'est pas toujours facile. Surtout lorsque l'on manque de compétences en matière de communication…

Attention, ne pensez pas que vous pouvez tout gérer seul, il est nécessaire de vous faire accompagner sur les points que vous jugerez utiles pour ne pas mettre en péril votre projet.

En matière de communication, vous avez la possibilité de vous faire accompagner de plusieurs manières. En interne, si votre budget vous le permet, vous allez pouvoir gérer votre stratégie de communication mettant en place vos campagnes de communication.

Attention, pensez toujours au résultat et comparez le ROI de l'ensemble de vos campagnes. Aussi, en interne, l'absorption est vite venue. Vous avez recruté une personne dédiée à la communication mais vous avez tendance à lui confier aussi des missions autres que la communication... Restez sur votre trajectoire et confiez des missions QUE lorsque toutes les missions sont remplies par la personne dédiée à cette fonction. Du fait que vos collaborateurs soient multitâches, on a très vite fait de s'écarter des missions de base ce qui est une erreur.

Vous pouvez également vous faire accompagner par une personne externe à votre entreprise (ce qui peut également être complémentaire avec de l'accompagnement interne lorsque vos collaborateurs ont des profils junior ou ne disposent pas de certaines compétences). Vous aurez toujours tendance à penser que l'accompagnement externe vous coûtera plus cher. Ce n'est généralement pas le cas (et n'oubliez pas que vous ne payerez pas de charges sociales mais que vous aurez plusieurs cerveaux à votre disposition).

Osez faire appel à des experts en communication. Ils sauront prendre le recul nécessaire, analyser ce qui a fonctionné ou non, vous proposez des campagnes de communication adaptées à votre stratégie et votre budget. Sachez qu'il existe plusieurs possibilités.

Par exemple, *l'atelier de communication pour entrepreneurs débordés* dénommé Ça Pétille Pour Vous peut vous accompagner sur la stratégie de communication en définissant votre « plan de com' ». C'est ensuite à vous de prendre en charge ou non vos campagnes.

- Si vous avez le temps de gérer vos campagnes en interne, vous en avez la gestion tout en restant épaulée par un expert (mail, téléphone, réunion).

- Si vous n'avez pas le temps ni les ressources en interne, vous confiez la gestion de vos campagnes à ce même expert.

De nombreux professionnels pourront vous aider de cette manière, il est important de vous faire accompagner pour prendre du recul, avoir un œil extérieur doté d'expérience et **vous démarquer de vos concurrents**. Cependant, même avec un accompagnement externe, vous devez suivre de très près le déroulement de vos campagnes mais aussi celles de vos concurrents.

En effet, la veille concurrentielle est incontournable sur la partie communication afin d'avoir un coup d'avance sur vos concurrents. Surveillez leurs stratégies, leurs campagnes, leurs présences sur le digital, etc. L'expert qui vous accompagne peut aussi prendre en charge la veille en vous faisant des rapports régulièrement.

La veille vous permettra d'ajuster vos campagnes de communication, de gagner du temps (par exemple, vous souhaitiez faire une opération et vous vous rendez compte premièrement que votre concurrent a aussi eu cette idée mais qu'en plus, cela n'a pas fonctionné…), de vous fixer de nouveaux objectifs etc.

Les leviers de communication les plus pertinents

Plusieurs leviers de communication sont efficaces en fonction de votre stratégie de communication. Selon votre budget, pour une start-up vous retrouverez 6 leviers qui seront les plus pertinents pour faire décoller votre business.

Le social média

Vous avez l'obligation d'être présent sur les réseaux sociaux pour offrir de la visibilité à votre start-up. Grâce aux différents réseaux, vous allez pouvoir engager une communauté et la transformer afin de gagner de nouveaux consommateurs. Le social media est une vitrine facile surtout pour certains secteurs d'activité comme la mode ou le voyage par exemple.

« La mode et les voyages sont les piliers d'Instagram : ce sont des secteurs qui vendent du rêve. On se devait donc naturellement d'y être présents et surtout d'être actifs. On cherche toujours de nouvelles techniques pour stimuler la communauté et la développer. Vraiment en test & learn. »

Marine Deck, founder & CEO de Lougage

Le content marketing

Le Content Marketing est très en vogue depuis quelques années puisqu'il est le seul moyen de de ressortir sur les moteurs de recherches. Il est l'une des grandes tendances du digital en 2018.

Pour définir votre stratégie de contenu gagnante, il est nécessaire d'établir un plan de contenu, de mettre en place un plan ROI, d'assurer le reporting et le web analytics pour vérifier ce qui fonctionne ou non afin de ne pas perdre trop de temps puisque le content marketing est déjà assez contraignant en terme de temps, de chercher les sujets les plus intéressants à l'aide de logiciels enfin de développer des contenus attrayants qui impactent votre cible.

Les contenus qui convertissent le plus sont les webinaires (vous pouvez utiliser Webikeo par exemple), les livres blancs, les études de cas, les e-books, les infographies, les articles de blog rédigés sous forme de conseils, les vidéos et les podcasts.

Les meilleurs canaux de distribution pour vos contenus sont le mailing ; les réseaux sociaux avec Linkedin, Twitter, Facebook, Youtube et

Instagram principalement ; le site internet via le blog ; les évènements offlines et les webinaires.

Attention, notez que les vidéos sont de plus en plus tendance et représenteront 80% du trafic d'ici un an. Sachez que les vidéos les plus efficaces aujourd'hui sont les témoignages clients, les tutoriels et les démonstrations. Les vidéos vont devenir très vite la source de trafic / revenu numéro 1 sur les réseaux sociaux.

Les relations presse

Les relations presse (RP) sont en constante évolutions. En effet, les RP ont été énormément impactées par l'évolution des médias. Les pratiques changent régulièrement, il s'agit donc de s'adapter rapidement aux nouvelles méthodes afin de tenir ses objectifs de parution.

Les réseaux sociaux sont devenus des canaux d'interaction avec les journalistes puisqu'en effet, la plupart d'entre eux y sont présents. Certains journalistes privilégient les réseaux sociaux pour récupérer des informations, il n'est donc pas négligeable de s'adapter à cette nouvelle méthode avant de les contacter par mail et / par téléphone.

Attention, ne contactez pas n'importe quel journaliste sur les réseaux sociaux mais adaptez votre stratégie RP en fonction de la cible que vous souhaitez toucher car les journalistes sont énormément sollicités donc il serait dommage de vous décrédibiliser.

Aussi, de plus en plus de journalistes font de la veille sur Facebook, Twitter et Linkedin. Nous vous conseillons donc de publier vos communiqués de presse sur votre site internet (dans un espace dédié) et de les relayer sur ces réseaux sociaux en utilisant des hashtags liés au sujet traité.

Il y a également les press rooms permettant aux journalistes d'aller directement chercher l'information en fonction du sujet qu'ils veulent traiter. Il existe des solutions gratuites telles que les sites internet ou des solutions payantes comme Babbler (www.heybabbler.com) qui connectent les médias et les entreprises entre eux.

Enfin, vous pouvez également opter pour le publi-reportage qui redevient à la mode.

Beaucoup de start-up gèrent leurs relations presse elles-mêmes pour commencer mais le plus pertinent est de passer par un expert. En effet, les méthodes des journalistes ne cessent d'évoluer. Il n'est donc pas toujours simple de contacter un journaliste et cela prend du temps lorsqu'il n'y a pas de premier contact d'établi. **Réaliser ses RP via un expert sera plus rapide et plus riche car les professionnels des RP connaissent les astuces comme le timing, les calendriers rédactionnels, les bouclages, ils ont le relationnel qui aide beaucoup… Aussi, un expert saura davantage comment capter l'attention des journalistes, mais aussi envoyer les informations au bon moment.**

Le marketing d'influence

Le marketing d'influence connaît un véritable succès. C'est un des leviers les plus efficaces en termes d'acquisition client car on observe un ROI très rapidement. Le marketing d'influence est donc inévitablement à intégrer dans sa stratégie.

Instagram est le réseau social principalement utilisé par les influenceurs avec Youtube, les blogs, Pinterest, Twitter et Snapchat juste derrière. En fonction de votre cible, vous pouvez choisir de ne communiquer que sur certains réseaux sociaux. Ceci est à négocier avec les influenceurs.

Il faut savoir que les influenceurs sont énormément sollicités pour des partenariats. En fonction de votre budget, c'est à vous de déterminer si vous souhaitez contacter un micro-influenceur (moins de 30 000 abonnés), middle influenceur (30 000 à 100 000 abonnés ou un influenceur star (100 000 abonnés et +). Il convient de préparer un mail clair et adapté à l'influenceur que vous souhaitez contacter. Surtout n'envoyez pas des messages en masse et privilégiez les messages personnalisés qui montrent que vous connaissez son univers.

Notez que les micro-influenceurs sont aujourd'hui les plus pertinents car ils ont une communauté très engagée (60% de taux d'engagement en moyenne). Privilégiez

donc les micro-influenceurs qui en plus, seront surement plus adaptés à un petit budget d'une jeune entreprise.

Contacter les influenceurs prend beaucoup de temps, il faut être très présent dans les relances et il est préférable de proposer une rencontre afin de conclure rapidement un partenariat.
Enfin, nous vous conseillons de contacter les influenceurs via leur mail (que vous trouverez sur Instagram ou sur leur blog) car ils sont très sollicité via les réseaux sociaux donc vous aurez moins de chance d'obtenir une réponse rapide.

Les partenariats de communication

Enfin, les partenariats de communication sont très intéressants pour les faibles budgets communication. Il s'agit de contacter des start-up où grandes entreprises ayant une cible similaire à la vôtre. Dans des problématiques de budget, les deux parties y trouvent leur compte (notoriété, acquisition) et cela profite aux deux entreprises partenaires.

Là encore, réaliser des partenariats de communication prend du temps bien que le ROI

soit intéressant. En effet, vous devrez trouver l'entreprise correspondant le mieux à vos critères puis lui formuler un message clair et impactant afin de l'approcher facilement. Vous devrez par la suite organiser une rencontre afin de déterminer quel type de partenariat vous mettez en place ainsi que négocier les termes de ce partenariat.

Cela n'est pas toujours très simple et les entreprises sont de plus en plus exigeantes sur leurs partenariats. Vous pouvez aussi faire appel à un professionnel pour gérer vos partenariats car généralement, ils sont en possession d'un grand nombre de contact et ils noueront un partenariat plus facilement et plus rapidement.

« L'utilisation du social media couplé aux RP et au marketing d'influence a permis à notre start-up de doubler son nombre de client. »

Louis, Responsable Communication en start-up

Conclusion

Dans un monde où tout va très vite, le développement d'une start-up est encore plus rapide. Il faut chaque jour innover, faire preuve de créativité, faire des projets etc. Avec l'ensemble de ces conseils, vous devriez gagner du temps pour vous consacrer à vos idées et développer comme vous l'avez imaginé, votre entreprise.

De la création au développement commercial en passant par le management et la communication, vous disposez désormais de toutes les astuces pour faire décoller rapidement votre business.

Remerciements

Merci à Jean-David Haddad de me permettre de réaliser cet ouvrage et de m'avoir accordé toute sa confiance. Mes remerciements à sa collaboratrice Cynthia pour ses conseils et son travail.

Merci tout particulièrement à mes amies Laura et Claire pour leurs avis et précieux conseils. Mention spéciale pour Anastasia et Justine, leur soutien et compliments m'ont été d'une grande aide. Merci à Adeline, Olivier, ma famille et l'ensemble de mes autres amis pour leur intérêt et leur soutien.

Aussi, je souhaite remercier mes anciens employeurs, Boris Cadu et son manager Julien Pasquereau, Xavier Flambard, Albert Gardes et Damien Bérullier, Samuel Katz et Charles Krzentowsky pour leur confiance, pour m'avoir offert l'opportunité de développer mon expérience professionnelle et prendre conscience de tous ces points importants à la bonne réussite d'une entreprise. C'est grâce à ces années passées à travailler auprès d'eux que je suis aujourd'hui en mesure de livrer tous ces conseils.

C'est également grâce au savoir acquis à leurs côtés que j'ai aujourd'hui la chance de travailler de manière indépendante au travers de ÇA PÉTILLE POUR VOUS, l'atelier de communication pour entrepreneurs débordés. En effet, les différentes start-up rencontrées m'ont permis d'ajouter du contenu supplémentaire à mon ouvrage qui n'aurait pas été possible sans mon statut d'indépendante.

Un grand merci à toutes ces personnes ainsi qu'à celles qui m'entourent au quotidien.

Je suis à disposition de tous les porteurs de projet qui souhaitent obtenir des précisions, qui ont des questions, des doutes, des appréhensions, des obstacles etc. N'oubliez pas que tout est possible et qu'il y a toujours des solutions aux problèmes rencontrés.

Julie Charrier
hello@capetillepourvous.com

www.capetillepourvous.com

Le langage des startupers

Start-up *: nom invariable féminin désignant une entreprise qui démarre (start), vite et fort (up).*

Afterworks *: moments de partage et d'échanges conviviaux après les heures de travail.*

Business plan *: document par lequel l'entrepreneur explique son projet de A à Z, qualitativement et quantitativement.*

Couveuse *: hébergement juridique pour votre activité, permettant l'apprentissage de votre futur métier d'entrepreneur.*

Crowdfunding *: financement d'un projet par une levée de fonds sur internet, sur des sites spécialisés.*

Executive summary *: résumé percutant du business plan.*

Love money *: financement d'un projet par une levée de fonds auprès de proches.*

Moodboard *: planche d'inspiration qui regroupe l'histoire de votre marque, reflète la personnalité de votre marque, son univers et ce à quoi vous aspirez pour votre start-up.*

Networking*: réseaux sociaux professionnels.*

Pitch *: présentation de votre projet en quelques secondes.*

ROI *: retour sur investissement (initiales de Return On Investments).*

Pierre Daucourt :

06 18 38 06 77